ものの言いかた西東

林　隆　Takashi Kobayashi
村美幸　Miyuki Sawamura

岩波新書
1496

目次

目次

序章　ものの言い方にも地域差がある

ものの言い方は個性か

異文化体験、と言うと、外国の文化との接触のことだろうと思われるかもしれない。そうではない。日本国内の文化の違い、しかも、言葉遣いの地域差に関することである。

こういうことがあった。仙台から大阪に移り住んで間もなくの頃のことである。中学生くらいの男の子が二人、公園の自動販売機で何か買おうとしていた。すると、「あれ？　一万円札入らへん」と一人が言った。どうやら彼は一万円札でジュースを買おうとしていたらしい。と突然、「なんでや！」と少年の大きな声。そして、もう一人が「こいつ、調子こいてる！」と、自動販売機をけなし始めたではないか。

筆者は初め、何が起きたのかわからず、あっけにとられてしまった。なぜ、自動販売機が人であるかのように、キレたり、けなしたりするのか。筆者にとっては衝撃の異文化体験であったが、このことを、大阪出身の同僚に話すと、そんなことは不思議でもなんでもないと言う。洗濯機や発券機に向かって話しかけたり、テレビに向かって、もちろん、実際にはテレビに出演しているタレントに対してだが、「そうやそうや」と相づちを打ったり、「それちゃうやろ」とツッコミを入れたりすることなど、大阪では日常茶飯事なのだそうだ。

この同僚の話では、東北人の話は短く感じるらしい。相手の話がそれで終わりとは思えず、「そんで?」と続きを聞こうとすると、「もう終わりだ」と言われたことが何度もあるという。たしかにそうかもしれない。タクシーに乗って、運転手と会話をすることはよくあるが、仙台のタクシーでは話がなかなか続かない。一言二言で終わってしまう。それでも会話が成立すればまだよい方で、かつては行く先を告げても、うんともすんとも返事をしない運転手もいた。そこへいくと、大阪のタクシーはサービス精神満点である。運転手にリードされて会話がどんどん続いていく。もっとも、それはそれで東北出身者にとっては、ついていくのに苦労することもある。

東北人の話が短いという点では、次のようなこともあった。東日本大震災の被災地の一つ、気仙沼市の避難所で支援者と被災者のコミュニケーションギャップについて調査した折のことである。新潟から派遣された保健師が避難所の一室で住民の血圧測定をしていると、「ケアツー」と大きな声で言いながら入ってくる年配の男性がいた。「用件わかってるでしょ」といった感じで。その直接的な表現にこの保健師はたいそうびっくりしたという。神戸から来た介護士は、気仙沼の人々に、「回りくどい言い方をせず、ぱっぱっと単刀直入に話す」という印象をもったそうだ。東京からの行政支援者は、「飾り気のない言葉で、ポンと用件を投げかける」という感想を語ってくれた。

これらのさまざまな体験は、言葉遣いに関するもの、特にものの言い方や話し振りに関するものである。言葉のこうした面で地域差がありそうなことは、経験的にある程度気付かれながらも、十分には認識されてこなかった。日本語と外国語とで、コミュニケーションの方法に違いがあることはよく言われる。日本人ははっきりものを言わない、国際社会ではもっと明確に主張を述べるようにしなければいけない、といったことが、言語教育の分野でも問題にされている。一方、日本国内のこととなると、日本人の話し方はどこへ行っても大体同じであろうと思われていて、地方による違いに目が向くことはほとんどなかった。

もっとも、話し方の違いに日本人が無頓着であったということではない。みなさんは、「ものの言い方を知らない」「口の利き方が悪い」などと怒られた経験はないだろうか。「無口」「口下手」「ぶっきらぼう」などと言われることもあれば、「おしゃべり」「話し上手」「口が巧い」「回りくどい」などと評されることもある。人の話し振りは私たちにとってはかなりの関心事に属することがらなのである。

問題は、こうしたものの言い方の違いが、人間の個性、つまり、その人の人となりに帰せられることが多いという点である。相手の話し振りを見て、「この人はああいう性格だからこんな話し方をするんだ」と思い込んでしまいがちだ。しかし、もしそれが性格の問題ではなく、その人が生まれ育った土地の習慣だったらどうだろう。彼の出身地では、彼のような話し振りが普通であるといった可能性はないだろうか。本来、地域的な違いであるものが、個性の差として誤解されてしまっている恐れがないとは言えない。

個性の裏に隠されたものの言い方の地域性は、先に見たような事例からすれば、まちがいなく存在すると考えた方がよい。日本人は、どこの土地の人も同じような話し方をするわけではない。「口下手」「話し上手」には地域性が大きく関係しているのである。

本書では、こうした話し振りの地域差をまな板に載せ、あれこれ包丁をふるってみたい。もののの言い方に見られる東西差、すなわち、方言の違いについて考えようと思うのである。みなさんも、ご自身の体験に照らし合わせながら、先ほどの筆者の同僚よろしく、「そうそうその通り」とか、「いやいや違うだろう」などとツッコミを入れながら本書をお読みいただければありがたい。

筆者たちの方言体験

さてここで、筆者たちの方言体験を交えながら、簡単に自己紹介をしておこう。

小林は新潟県の出身で仙台の大学に進学した。最初、下宿のおばあさんの話していることがほとんど理解できないという、人生初の方言によるコミュニケーションギャップを体験した。その後、東京に就職したが、都心の高齢者の話し振りが妙に軽快で、関西弁と似ているという印象を受けた。仙台に戻ったあとは、学生たちと東北地方の方言調査に出かけるとともに、もの言い方についての全国調査も行っている。最近では、東日本大震災の被災地で方言をめぐる活動を行うなかで、東北人の話し振りに対して各地からの支援者が抱く感想に新鮮な驚きを覚えている。

澤村は山形県の出身でやはり仙台で学んだ。その後、関西に職を得ることで東北圏外に進出し、先の自動販売機の一件など、関西の人々のものの言い方にカルチャーショックを受ける毎日を送っている。東北と関西の人々のものの言い方を観察することで、それらの地域の人々には、言葉に対する考え方に何か根本的な違いがあるのではないか、という思いを強くしている。

筆者たちは以前からこのテーマに興味があり、アイデアを出し合ったり、議論をしたりしてきた。本書はそうした共同作業から生まれたものである。いわゆる合作であるため、両者の体験を語る部分も、小林、澤村と分けることはせず、単に「筆者」とした。本書の語り手の「筆者」がどんな経歴の持ち主であるかは、右の紹介でわかっていただけるであろう。

筆者たちの方言体験が、本書執筆の一つのきっかけとなったことは間違いないとしても、ものの言い方の地域差は、単にそれぞれの個性として片づけられない奥深さがある――それをこれからみなさんと一緒に考えていきたい。

言葉と向き合う姿勢

では、本書の基本的な考え方について少し説明しよう。

筆者のような方言研究者は、従来、狭い意味での形や意味、あるいは文法と呼ばれるものを取り扱うことが多かった。そのため、ショッパイとカライの地域差とか、イルとオルの東西差などといったものは、もうかなりの程度明らかになってきている。それに比べると、ものの言い方とか、話し振りとかいったものは研究が始まってからまだ日が浅く、よくわかっていないことが多い。つまり、方言学にとって、これからの新しい研究対象なのである。

ところで、この「ものの言い方」や「話し振り」の正体は何だろう。従来の研究分野で言えばどんなものに対応するのだろうか。

まず、お礼の言い方や頼み事のしかた、あるいは、挨拶の方法などにおける言葉遣いは、ものの言い方そのものと言ってよい。これらは、研究の世界では、言語行動とか表現法とか呼ばれてきた分野に相当する。また、話の進め方や会話の展開のさせ方といった少し大きな枠組みも、話し振りに直結するものとして対象になる。これらは談話や談話展開などと言われる分野である。さらに、要素的なものであっても、感情・感覚の表出を担う感動詞や、物事の描写を行うオノマトペなどは、ものの言い方に大いに関わりそうである。本書では、以上のような言語分野から題材を集めていきたい。

さて、ものの言い方に関わるこれらの分野の特徴は、表現の自由度が高いということである。つまり、言葉の選び方の選択肢に幅がある。例えば、「ケツアツー」と簡潔に言ってもよいし、「すみません、血圧を測ってください。お願いします」と言葉を連ねてもよい。「あっ」と声を上げることもあれば、「驚いたなあ」と表現することもある。二言三言で話を切り上げることもできれば、もっと長く会話を交わすこともできる。場合によっては無言でもかまわないかもしれない。これまでの言語学が対象としてきた、机はあくまでも「ツクエ」、椅子はかならず「イス」と言わなければいけない世界とは、そこが大いに違うところである。

物の名前、つまりある物をどう呼ぶかは約束事で成り立っており、それを守らなければ言葉が通じない。一方、ものの言い方はそうした縛りが緩く、何をどう言うか、表現の選択の幅が広い。この自由度の大きさが、ものの言い方の大きな特徴である。

ものの言い方の自由度、ということについてさらに考えてみよう。言葉の使い方に有無を言わさぬ強制力がある場合、そこに、言葉の使い手の意志が働く余地はない。しかし、表現の選択肢が与えられているときには、その中のどれを選ぶか、使用者の志向が反映される可能性がある。昼飯はカレーライスと決められているならそれを食べるしかないが、カレーライスかラーメンかカツ丼か選ぶことができるなら、その選択には食べる人の好みが反映される。それと似たようなことがものの言い方にもあてはまるのではなかろうか。つまり、どのような表現を使うかは、話し手の言葉に対する志向や好みに左右される。言葉とどう向き合うか、その考え方や姿勢といったものがものの言い方を決定付けるということである。

以上からすれば、ものの言い方に地域差があるというのは、言葉に対する人々の志向や好みに地域差が存在するということにほかならない。したがって、そのような志向や好みの地域差を明らかにできれば、ものの言い方の地域差をより一般的に説明できたことになる。しかし、それは簡単ではない。そうしたものの言い方を操る話し手の考え方や姿勢は、表現の背後に潜んでいて、直接、正体をつかむことは難しいからである。それを明らかにするには、ものの言い方自体を観察し、そこから抽出していくしか道はない。つまり、先に述べた言語行動や表現法、談話展開、そして、感動詞やオノマトペといった観察可能で具体的な言語現象の検討から始めなければいけないのである。

本書に語らせたいこと

ものの言い方の地域差といったテーマは、体験がものを言う。いろいろな地域の人たちと接することで、その地域のものの言い方が印象付けられる。そうした体験は考察の手がかりとしてたいへん貴重である。だから本書でも大切にしたい。しかし、話を印象論にとどめないためには、調査に基づく具体的なデータを示すことも必要である。そこで、これまで行われてきたさまざまな調査を視野に入れ、関連する事例を提示しながら七つの観点から話を進めていくことにする(第1章〜第7章)。

さらに、筆者はこの本の中で一つの冒険をしてみたいと考える。ものの言い方の地域差はまだあまり知られてはいない。その点では、具体的な事例を紹介するだけでも読者のみなさんに興味をもってもらえるにちがいない。しかし、本書では、そのような現象面の紹介にとどまらず、それらの現象を操る言葉の原理のようなものに迫ってみたい。それが、前節で述べた言葉に対する志向や好みの問題である。つまり、ものの言い方の背後にはそれを生み出す話し手の考え方や姿勢が隠れている。その地域的な違いを本書ではあぶり出してみようと思う(第8章)。さらに、本書の関心は、そうした地域差を生み出す社会的な要因にも及ぶ。社会環境のあり方の違いが人々の言葉に対する考え方を左右し、それがさらにものの言い方の地域差となって現れてくる、そうした影響の連鎖に迫ってみたい(第9章)。最後に、それらの関係がどう展開し、現在のような地域差を作り上げていったのか、歴史的な側面にも注目してみようと考える(第10章)。

もちろん、それだけの内容をこの一冊で語り切ることは難しい。何度も言うように、ものの言い方は新しい研究対象だけに、そもそも事例の蓄積から始めなければならない。そうした作業を十分待たずに先へ進むことは、かなり性急であるかもしれない。しかし、物事には見通しが必要である。見通しをもってみると、複数のことがらを一つの視野のもとで互いに関連付けて理解できる。それは今後の〝ものの言い方の方言学〟の展開にとって大いに意味のあることでもあろう。この点で、本書のねらいは、ものの言い方の地域差に関する壮大な仮説の提示にあると言ってもよい。

少々大げさな言い方になった。前置きはこれくらいにして、次の章から具体的なものの言い方の地域差について見ていこう。

第1章　口に出すか出さないか

以心伝心

「以心伝心」という言葉がある。たしかに、人間は黙っていてもわかり合えるものである。しかし、いつもそうであるとは限らない。「黙っていちゃわからないだろ」と詰問されることもあれば、憤慨している相手を「話せばわかる」となだめることも、ときには必要になってくる。何かを伝えるために口に出して言うことは、人間の営みの基本であり、他の動物に比べて人間らしさの象徴であるとも言える。

問題は、そうした人間の基本であるところの〝ものを言う〟という行為が、日本国内どの地域においても同じように行われるかどうかという点である。すなわち、ある場面において、ある地域では何か言うことが求められたとしても、よその地域ではそのようなことは特に期待されないということがありうるのではないか。あるいは、別の場面において、こちらの地域では言葉を発することが評価されても、あちらの地域ではそれは慎むべきことだとみなされている、といった地域差が存在するかもしれない。

もし、そのようなことがあるとすれば、これは地域間におけるコミュニケーション摩擦の重大な原因にもなりうる。一般に、言葉の形式的な違い、例えば、「行かない」を「行カヘン」と言うとか、「蛙」を「ビッキ」と呼ぶとかいった違いは気付かれやすいが、口に出す、出さないといった違いは自覚されにくいものである。そのため、自分自身の基準で相手の言葉遣いを評価してしまうことが、起こり得ないとも限らない。それが、新しく家に迎えた嫁や転勤してきた同僚といった身近な人たちが相手の場合には、ときとして深刻な事態を招きかねない。

口に出すか出さないか、まず、コミュニケーションの基本である〝話す〟という点について地域差を見ていこう。

無口とおしゃべり

「無口」と「おしゃべり」は対極の概念である。このうち「無口」は歌謡曲にときどき登場する。有名なところでは、千昌夫の『北国の春』に「兄貴も親父似で無口な二人がたまには酒でも飲んでるだろうか」と歌われている。また、「北へ帰る人の群れは誰も無口で」は石川さゆりの『津軽海峡冬景色』である。いずれも北国、おそらく東北から北海道のあたりが歌の舞台として想定されていると思われる。

「おしゃべり」の方は、桜庭裕一郎の『お前やないとあかんねん』に「おしゃべりでええねん、どんくさいのもお前やねん」と出てくる。歌の舞台は関西のようだ。関連して、都はるみの『大阪しぐれ』に「噂並木の堂島、堂島すずめ」というくだりがあるが、雀はピーチクパーチクよくさえずるもの、おしゃべりの象徴である。

こうした歌謡曲の歌詞を紹介するまでもなく、地域的には、関西の人々はおしゃべりで、東北の人々は無口だ、というのが世間的なイメージではないか。ステレオタイプを鵜呑みにするのはよくないが、筆者の体験からも、これは実際にそうなのではないかと思う。

例えば、大阪の地下鉄に乗り込むと、乗客同士が会話している状況によく出くわす。大人でも子供でも、昼でも夜でも、とにかくあちこちで話に花が咲いている。もちろん、知り合い同士なのだろうが、このにぎやかさは仙台や東京の比ではない。また、筆者は仙台と大阪の両方で同じ習い事に通ってみたことがあるが、先生の発話量が格段に違う。仙台の先生は要点の指

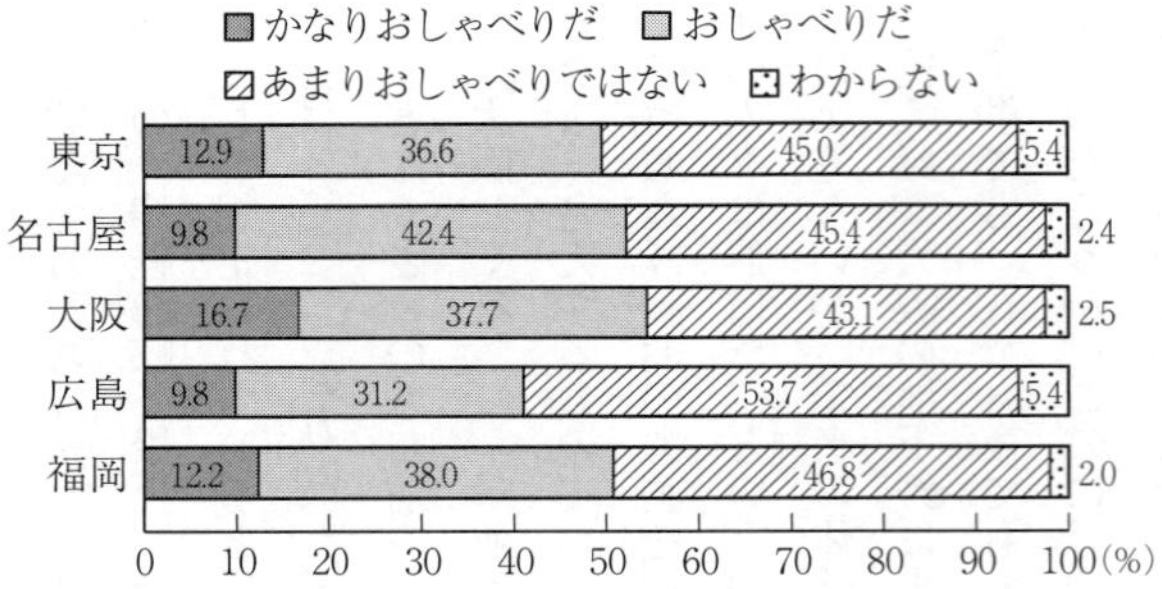

図1　自分はおしゃべりか？　(尾崎喜光 2011 を改変)

示のみで黙っている時間の方が長いくらいだが、大阪の先生は最初から最後まで話し続けていて、習い事と関係ない話題も多い。序章で登場した大阪出身の同僚も、仙台ではしゃべりすぎて周囲の人たちからうるさがられることがあると言う。

この「おしゃべり」という点について、尾崎喜光のグループが西日本の主要都市を中心に行った調査がある。**図1**は「友達と話すとき、自分はおしゃべりな方だと思うか？」という質問の結果である。この調査では無作為に回答者が選ばれているが、各地とも七割から八割の回答者がその土地出身の人たちなので、一応、その地域本来の傾向が現れていると判断してよいだろう。

この図からは、自分のことを「かなりおしゃべりだ」と思う人の割合が大阪で一番多いことがわかる。「おしゃべりだ」の回答を含めても大阪がトップになっている。調査地域が西日本に偏っているため、全体として顕著な差は出ていないが、西日本の各地および東京と比較して大阪人におしゃべりが多いということは言えそうである。おそらく、東京以外の東日本、特に東北で同じ調査をしたならば、そこでは自分をおしゃべりだと意識する回答者の割合はぐっと下がるにちがいない。

もう一つ、陣内正敬のグループが行った意識調査を紹介しよう。この調査では、会話の中での沈黙が気になるかどうかを調べている。**表1**は「気になる」という人の割合を示したものだが、西日本の大阪・広島・高知の割合が高く、東日本の名古屋・東京や九州の福岡はやや低めの数値となっている。ここでも、大阪が一番である。

表1　会話の中での沈黙がとても気になる（陣内正敬 2010）

東京都	26.1%
名古屋市	29.1%
大阪市	35.0%
広島市	32.4%
高知市	32.7%
福岡市	25.7%

沈黙が気になるというのは、逆に言えば沈黙を避けたいということでもある。黙っているのは禁物、何か口を開かなければいけない。会話が途切れないようにどんどん話をつないでいく。そうなると、話し手は必然的におしゃべりにならざるを得ないことになってくる。おしゃべりは沈黙嫌いと表裏一体の関係にある。

挨拶をするかしないか

筆者の感覚では、関西人は東北人に比べて挨拶をよくするよう

表2　家庭内での挨拶(篠崎晃一 1996)

(%)

	青森	東京	三重	広島	高知	鹿児島
朝起きたとき	61.8	76.9	93.1	87.3	79.0	86.7
夜寝るとき	69.7	84.6	97.2	85.7	77.1	72.9
食事のはじめ	66.7	96.1	90.1	84.1	66.1	81.7
食事のおわり	61.6	92.1	88.9	85.5	68.9	76.7
外出するとき	82.7	96.2	95.8	91.9	91.8	83.6
帰宅したとき	80.0	98.1	97.2	92.1	88.7	90.2
家族が外出するとき	85.1	90.4	94.4	88.9	81.4	85.0
家族が帰宅したとき	86.5	96.2	95.8	90.5	86.7	91.8
平　均	74.3	91.3	94.1	88.3	80.0	83.6

に思われる。例えば、新年早々、大阪の大学生協に昼食をとりに出向いたところ、食堂の女性から「明けましておめでとう」と声をかけられたことがある。一瞬虚をつかれた感じで、慌てて挨拶を返した。東北ではどうなのか、仙台の大学生協でも試してみたが、案の定、そういうことはなかった。

先の章で、「ケツアツー」と叫ぶ気仙沼のお年寄りの話を出した。挨拶がないのである。横浜からの介護士は、避難所の人たちに「おはよう」と挨拶をしても、「おはよう」と返してくれないと言っていた。もちろん、会話の意志がないのではない。「今日は早いねー、今来たの」といきなり本題に入る感じだそうで、共通語の感覚からすれば、要するに会話冒頭の挨拶が省略されているのである。

挨拶の有無に関しては、篠崎晃一が各地の家庭内の挨拶について報告している。この調査では、日常生活で経験するさまざまな挨拶場面、すなわち、朝・夜の挨拶、食事の挨拶、外出・帰宅の挨拶が選ばれている。

結果は**表2**をご覧いただきたい。これは各場面で挨拶する人の割合を示したものだが、かなり明瞭な地域差が現れている。例えば、朝・夜の挨拶は三重で非常に高い数値を示すが、青森では極端に低くなっている。食事の挨拶では東京の割合が最も高く、青森・高知の割合は低い。それらに比べると外出・帰宅の挨拶は地域差が少ないものの、それでも東京・三重が高く、青森や高知・鹿児島などがやや低めであるという傾向は読み取れる。

以上のような地域差は平均値にも現れている。すなわち、三重・東京が九〇％台と高い数値を示すのに対して、広島、そして鹿児島・高知がそれより低くなっている。さらに青森が七〇％台という最も低い結果となっている。家庭内の日常的な挨拶は、近畿と関東という日本の中央部で活発であり、逆に東西の周辺部、特に東北では不活発であると言える。

この傾向は家庭内の挨拶についてのものだが、冒頭に述べた印象からすれば、家の外での挨拶についてもあてはまるであろう。日本にはよく挨拶する地域とそうでもない地域があるということを理解しておかなければいけない。

礼も言わないが文句も言わない

みなさんは家族に対して礼を言うことはどのくらいあるだろうか。例えば、家族との食事中に、自分の手の届かないところにある醤油差しが欲しくなったとする。そこで一緒に食卓を囲んでいる家族に取ってもらった。そんな日常のありふれた場面を想像してほしい。

西尾純二は、そうした場面について、東北と関東、関西で調査を行った。結果は**図2**に示したとおりである。そこには、「礼を言わない」割合が表示されている。

図を見てわかるとおり、この調査では、醤油差しを取ってもらった相手として、さまざまな家族を想定している。誰が相手かという視点から見ると、義理の父母か、それとも実の父母や配偶者かで、関西と関東で違った傾向が現れている。

こうした点も興味深いが、全体として見た場合、何といっても東北の割合の高いことが注目される。義理の父母にさえ礼を言わない人が一割もいるうえ、配偶者や子供が相手となるとその割合は大きく跳ね上がる。つまり、東北では関西や関東に比べ、家族に対して礼を言う習慣があまりないことがわかる。

これは家庭内の場合であり、家の外での感謝の場面では、さすがに無言でいるわけにはいかないであろう。つまり、家族以外の人たちに何か恩恵を受けた場合には、日本全国、どの地域

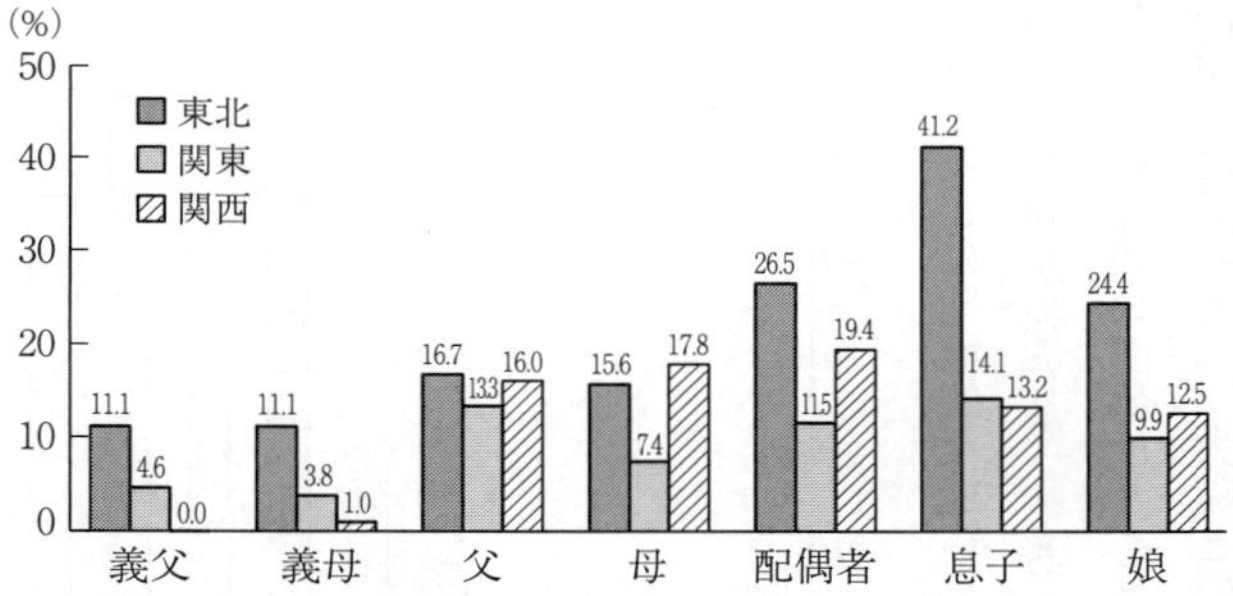

図2　醤油差しを取ってもらって礼を言わない(西尾純二 2009 を改変)

でも礼を述べることが予想される。

ところが、この予想は現実とはどうも異なるようだ。と、曖昧な言い方をしたのは、半分は当たり、半分は外れだからである。当たっているのは「無言ではない」という点である。つまり、相手から恩恵を受ければ、それに対して何か言葉を発する、それは全国共通である。ところが、その言葉の中にお礼に当たる要素が見当たらないケースが存在する。例えば、知り合いからお金を借りる。そのとき、「助かった」とか「よかった」などとは言うが、「ありがとう」の一言が出てこない。筆者の調査では、そうした傾向は、東日本と九州、中でも東北地方に認められる。この点については、第6章であらためて取り上げる。

ところで、読者のみなさんは文句を言うことがおありだろうか。例えば、デパートのエスカレーターの上り口で、前にいた友人や知人が急に立ち止まったために、自分が後ろから来た人にぶつかられたとする。そのとき、みなさんなら、友人や知人に対して何か不満の言葉を発するだろうか。

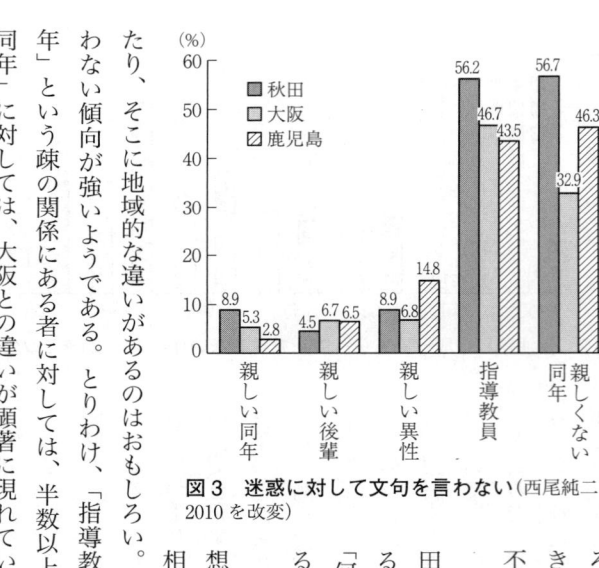

　このような場面について、西尾純二が秋田・大阪・鹿児島の三地域で調査を行っている。**図3**は、そうした迷惑な行為に対して「何も言わない」人の割合を示したものである。

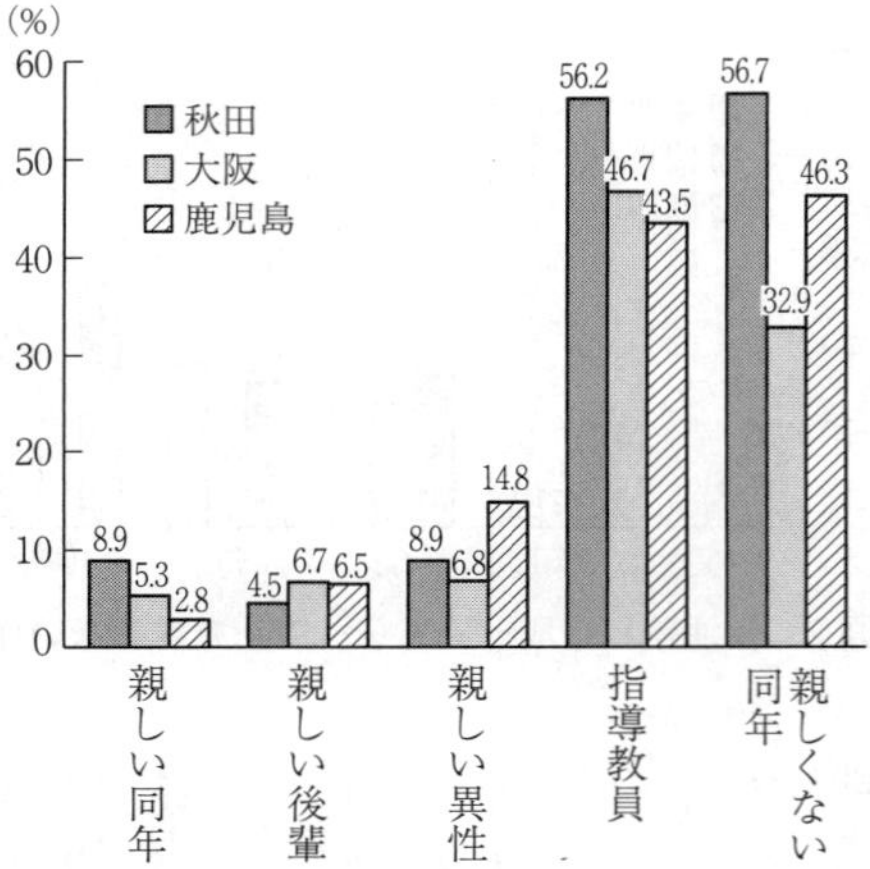

図3　迷惑に対して文句を言わない（西尾純二 2010 を改変）

　図を見るとわかるように、三地域の結果は想定された五種類の相手ごとに異なっている。相手によって、文句を言ったり、言わなかったり、そこに地域的な違いがあるのはおもしろい。だが、全体として見ると、秋田で文句を言わない傾向が強いようである。とりわけ、「指導教員」という目上の存在や、「親しくない同年」という疎の関係にある者に対しては、半数以上が無言のままである。特に、「親しくない同年」に対しては、大阪との違いが顕著に現れている。大阪では親しくない相手であっても、七割近くが文句を言う。

このように、迷惑に対する反応は地域によって異なる。先ほどのお礼の有無でも地域差が見られた。両者を併せて考えると、東北は他の地域に比べて「礼も言わないが文句も言わない」という傾向が浮かび上がる。一方、近畿は「礼も言うが文句も言う」人たちが多いということになる。口に出すことに消極的な地域と、積極的な地域との違いである。

値切る

口に出すことが積極的であるということでは、物の価格を値切るという言語行動などはその典型と言えるものである。

例えば、以前から欲しかった液晶テレビを買うために最寄りの電気店へ行ったとする。お目当ての品物を見つけたが、あらかじめ、別の電気店の広告でチェックしておいた金額より三〇〇〇円ほど高かった。さて、このとき、みなさんなら店員に値段を下げてくれるよう交渉するだろうか。

筆者はこうした場面での言語行動の地域差を、全国を対象に調査してみた(徳島大学の岸江信介の発案)。全国約五〇〇〇地点から回答が得られたので、結果を地図に描いて示すことにしよう。図4がそれである。

この地図を見ると、値切る人・値切らない人が混在している。この点は、やはり回答者の個人差が影響していると考えるべきであろう。しかし、よく見ると、ある程度分布の特徴をつかむことができる。

まず、全体に値切る人が多いので、値切らない人に注目するのがよい。そうすると、大まかに言って値切らない人は、西日本より東日本に多く見られることがわかる。特に、青森に値切らない人が目立つ。また、西日本でも中国の西端から九州北部にかけては値切らない人が集中している。

これに対して、近畿から中国・四国、九州中央部にかけての地域は値切らない人は非常に少ない。すなわち、これらの地域では、値切ることが普通になっていると考えられる。東日本でも、千葉・東京・神奈川のあたりや、長野・岐阜周辺には値切るという回答を寄せた地点が多いのが注目される。

この調査場面のように、あらかじめ他の店の情報をもって出かけるというような場合には、必然的に値切る言語行動がとられやすい。これが、八百屋や魚屋での買い物のように下調べなどしない場面ではどうか、さらに探ってみたいものである。

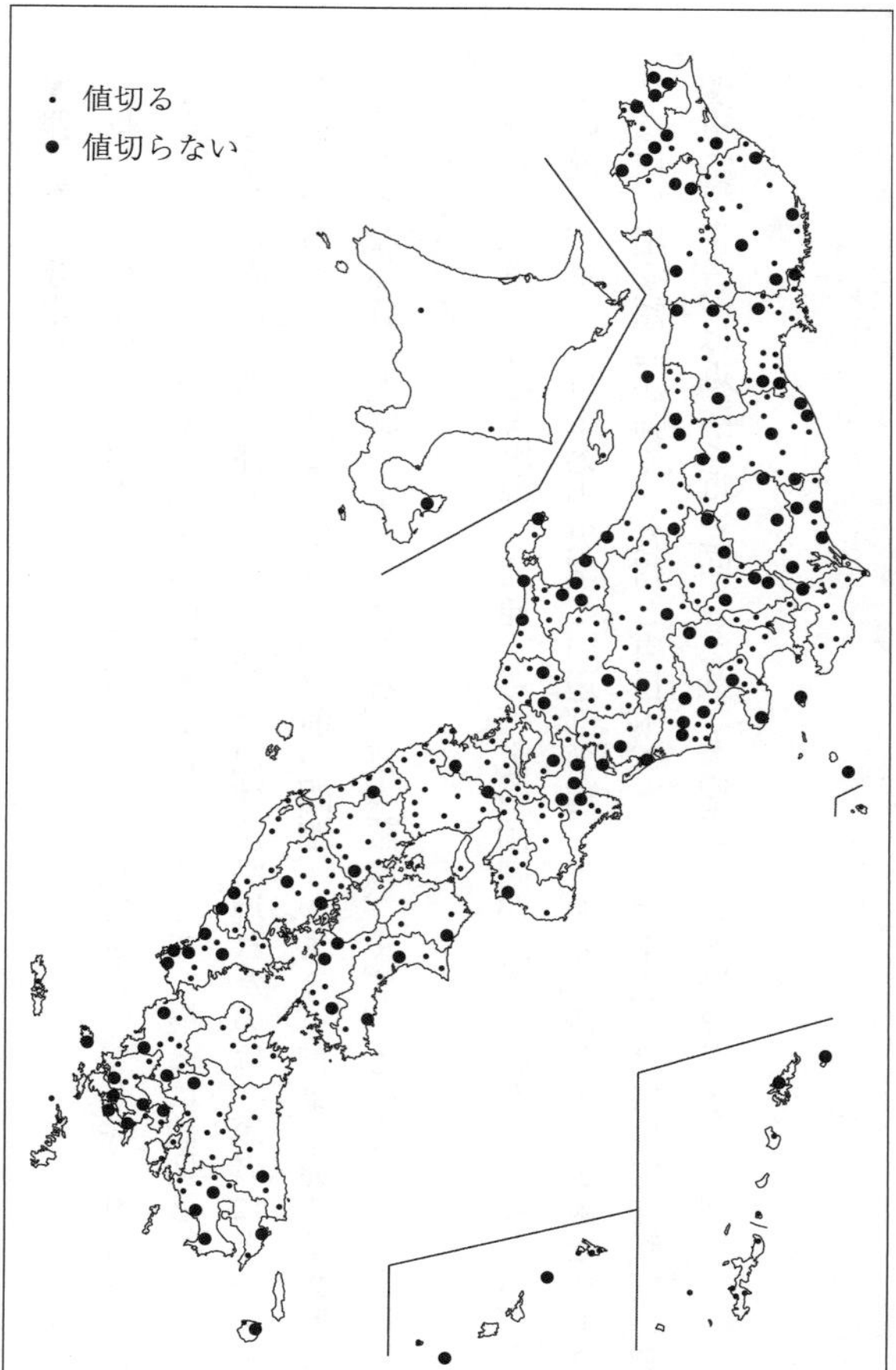

図4　電気店で値切るかどうか

▼第1章のまとめ

以上、口に出す／出さないという点について見てきた。おしゃべりか無口か、挨拶をするかしないか、感謝や文句を口にするか否か、そして、最後に値切るかどうか。

こうした面に、ある程度はっきりした地域差が現れたのは、筆者にとってもちょっとした驚きであった。どのように言うか以前の問題、つまり、言葉を発するか発しないかという基本的な部分が地域によって異なる。日本語は、まず、ものを言うこと自体に地域差が存在するのである。

そして、そこには各事例に共通する一定の傾向が読みとれた。すなわち、西日本と東日本の違い、また、日本の中央部と周辺部の違いである。概して、近畿を中心とする西日本では口に出す傾向が強く、九州と東日本、とりわけ東北では口に出す傾向が弱い。ただ、関東（特に東京）は近畿と近い面もあり、ものを言う傾向もうかがえる。

第2章　決まった言い方をするかしないか

〝型〟の文化

歌舞伎や能など日本の伝統芸能は「型」を重んずる。書道、茶道、華道、あるいは柔道、剣道といった「道」のつくものもみな型を大切にする。もっとも、そうした特別な世界でなくとも、日常の生活の中にも型があると考えることもできる。すなわち、年中行事や一日の決まり事、あるいはさまざまな場面における慣習や作法といったものは、平凡ではあるが日常生活の中の型と呼べるのではないか。文豪、谷崎潤一郎はこの点について次のように述べる。

生活の定式とは何かと云へば、一つの家庭、一つの社会に於いて長い間に自《おのず》ら出来上つた一定のしきたり、——年中行事である。正月には門松を飾り、三月には雛《ひな》を祭り、五月には幟《のぼり》を立て、春秋の彼岸には親類縁者の間に萩の餅の贈答をする等々のこと。これを家庭について云へば、朝起きる時間、夜寝る時間、朝に夕に先祖の位牌《いはい》を礼拝する時間、三度々々の食事の時間、又その時の家族達の席順等から始めて、四季の移り変りにつれ、食膳に上る魚類や野菜なぞも毎年その時になれば同じやうなものが繰り返される。その外祝儀不祝儀の衣裳、挨拶の云ひ方、祭礼の部屋飾り、屛風《びょうぶ》、毛氈《もうせん》、幔幕《まんまく》等は云はずもがな、東京ならば春は向島《むこうじま》か飛鳥山《あすかやま》、秋は団子坂《だんござか》か滝野川と云ふ風に、花見菊見紅葉狩り等の遊山までも、家庭によつて毎年行く所が極まつてゐたもので、団子坂の帰りには上野の「松《まつ》源《げん》」、向島の帰りには仲店の「萬梅《まんばい》」と、帰りに晩飯を食ふ料理屋までが判で押したやうに定つてゐた。

（「私の見た大阪及び大阪人」『谷崎潤一郎全集』二〇、三六七・三六八頁）

谷崎の言う生活の「定式」とは、言い換えれば右のような家庭や社会におけるしきたり・習慣のことである。これは日常生活の型と呼んでもよいものであろう。

ところで、東京に生まれ、のちに関西に移り住んだ谷崎は、両地域の文化の違いを鋭く観察している。右の「定式」についても、「関西には、此の生活の定式と云ふものが今も一と通りは保存されてゐる」(同三六九頁)と述べている。これは東京に比べてそう感じたということである。かつて東京でも似たようなふうがあったのが関西よりも早く廃れたというのが谷崎の理解である。東京と関西の歴史的関係をそのようにとらえてよいか、この点はまたあらためて話題にすることにし、ともかくも谷崎が東京より関西の生活に「定式」を強く感じていることに注目したい。日常生活の型は、東京より関西に色濃く現れているという見方が興味深いのである。

挨拶に見る型

もう一つ、右の文章で注目されるのは、谷崎が「定式」の中に「挨拶の云ひ方」を挙げる点である。文章の続き具合から見て、この場合は挨拶一般というよりも、特に祝儀不祝儀の際の挨拶を指していると考えられる。冠婚葬祭の場において挨拶をどう述べるかは、たしかに日常生活の型に属することがらである。しかもこれは、ものの言い方における型の問題と言える。

祝儀不祝儀の挨拶に何らかの型が存在することは、ある程度予想はできる。実際のところはどんな感じなのだろうか。ここでは、不祝儀の際の挨拶について、ＮＨＫの『全国方言資料』に収録されたやりとりを見てみよう。この資料は一九五〇年代に、日本各地の高年層男女を話者にして録音されたものである。
まず、大阪の中心地、船場《せんば》での会話を挙げる(原文は音声を再現したカタカナ書きに共通語訳が付されているが、ここではそれらをまとめたうえで字句を改めるなどわかりやすく示した)。

男　タダイマー　マー　オ知ラセノ　オ使イ　チョーダイイタシマシテ、ビックリーシテオリマスヨナ　次第デゴザイマス。ナント　申シ上ゲーマシテ　ヨロシーヤラ、セッカク　イロイロト　オ尽シーナサイマシタノニ、ゴ寿命トワ　申シナガラ、オヨロシュー　ゴザイマヘナンダソーデ、サゾ　オ力落トシノ　コトデ　ゴザイマッシャロナー。

女　マー　コレワ　コレワ　サッソクニ　オ越シ　イタダキマシテ、恐レ入リマシテ　ゴザイマス。モー　存命中ワ　イロイロト　ゴヤッカイニ　ナリマシテ、モー　アンサンニワ　ヒトカタナランナー　可愛ガッテ　イタダキマシタノニ、マー　寿命デゴザイマッシャロ。モーナー　アンサン、亡クナリマシテ　ゴザリマスノンデ、マ　改メマシテ　生前ノ　オ礼オ　申シ上ゲマスデ　ゴザリマス。

男　エー　ホンーノ　オシルシデ　ゴザイマスンデスケレドモ、エー　御仏前エ　オ供エ

クダーシマシタラ　結構デ　ゴザイマスケレドモ。

女　ハー　恐レ入リマシテ。デ　マタ　アノ　タダイマワ　重ネ重ネニ　ヨトギ（お通夜）ノ　オ見舞エマデ、マー　御馳走オ　タクサンニ　チョーダイ　イタシマシテ、ナニカラ　ナニマデ　オ心尽クシデ　恐レ入リマシテ　ゴザリマス。仏モ　喜ンデオリマスデ　ゴザイマスヤロ。

男　マー　コレデ　永ノ　オ別レデ　ゴザイマスヨッテニ、オ邪魔ニ　ナリマスデッシャロケレドモ、シバラク　マー　オ通夜　サシテイタダイテ　ヨロシゴザイマッシャロカ。

女　ハー　恐レ入リマスデ　ゴザリマス。マ　オ寒サノ　折カラ　アリガトー　ゾンジマスデ　ゴザイマス。

（『全国方言資料4　近畿編』二二二〜二二五頁）

一見してずいぶんと丁寧なやりとりであることがわかる。話し手の間柄にもよるが、船場が商人の町であることも関わっているのであろう、格調の高ささえ感じさせる会話である。

これを見ると、互いに感情を露わにせず、死亡の事情に深入りすることもなく、淡々と話が進行しているように思われる。かしこまった表面的なやりとりに終始している感はあるが、言葉は十分尽くしている。しかも、こういうときにはこう言わなければいけないという、ある種お決まりのセリフや台本が存在するような雰囲気が漂う。最後まで本音を語らず、あくまでも型にはまった挨拶らしさを押し通しているのである。

谷崎の言う「定式」とは、まさにこういうものを指すのであろう。もちろん、この事例が不祝儀の挨拶の典型であるかどうかは、多くの会話について検討してみなければわからない。しかし、関西では伝統的にこうした型のやりとりが浸透しているのではなかろうか。

例えば、京都の室町で収録された会話の冒頭は次のようになっている。

男　タダイマ　本家カラ　承リマシタラー、コノタビ　オジーサンニワ　ツイニ　オヨロシュー　ゴザイマセンナンダソーデー。（以下略）　（同二六〇〜二六一頁）

具体的な言い回しは異なるが、大阪同様、弔問者が死亡通知を受けたことを明確に述べることから挨拶が始まる。また、大阪の「オヨロシュー　ゴザイマヘナンダソーデ」と瓜二つの表現が使用されている。死ぬことを「よろしくない」と婉曲に表現する点も共通する。

また、これに続く受け手の会話には次のような文句が観察される。

女　（冒頭略）生前　イロイロ　御世話サンニ　アズカリマシテカラニ、オカゲサンデモー　九十二モ　ナラレマスノデネー。（以下略）　（同二六一頁）

これは、生前の故人との付き合いを弔問者に感謝する内容であるが、大阪でも先の会話のように、「存命中ワ　イロイロト　ゴヤッカイニ　ナリマシテ」という類似の言い回しが観察される。

さらに、大阪では弔問者が「セッカク　イロイロト　オ尽シーナサイマシタノニ」と、故人に対する家族の看護について触れているが、京都でも弔問者の三番目の発話に、

男　ミナサンモ　サダメテ　御看護デ　オ疲レデ　ゴザーッシャロデー。　（同二六二頁）

と、家族の労をねぎらうかたちで話題にされている。

このように、不祝儀の際の大阪と京都の挨拶のしかたには、ある種の共通の型が見て取れる。

もちろん、全体として見れば表現内容は異なるが、ここぞというポイントはしっかり押さえて

いるといった「定式」の存在が認められるのである。

それでは、東京はどうだろうか。残念ながら、東京のこの場面の資料は十分な長さが収録されていないので比較が難しい。ただ、弔問者が「承リマスレバ　ドーモ　マコトニ　恐レイッタ　コッテ　ゴザイマス」(『全国方言資料2　関東・甲信越編』二九〇頁)と切り出すなど、全体にかしこまった調子である点は京都・大阪に通じる。

東北に行ってみよう。秋田の農村地帯、南秋田郡富津内《ふつない》村(現南秋田郡五城目《ごじょうめ》町)での収録である。

男　ヤー　コンニチワ、ハー。

女　ハエ。

男　ナート　ジーチャ　死ンデ　困タコタナス。

女　ハエ、マズ　コゲ　ハ　死ンデシマッタデムケヤ、ハー。

男　ナート　ホントニ　マダ　イタワシ人ナイ。

女　ンダエ、急ニ　コゲ　ハー　今マデ　エキャ(たいそう)　カセダ(働いた)人ダッタテ。

男　コレ　ワズカダドー　アカシコ(お灯明)　アカシコ　アカシテクワンセデヤー(つけて

　　　くださいⅠ)。
女　ンダケァ。
男　ウーン　シルシコバリ(おしるしばかりで)……。
女　ナート　迷惑　カケテナス、ハー。
男　ナーニ　迷惑ナコト、ソナコト。
女　アー　マツ。
男　オレ　マツ　水コ　一杯　上ゲテユクハ。
女　ハエ、マツ　ンダラ　上ゲテクナシェー。
男　ハエ。
　　　　　　　　(『全国方言資料1　東北・北海道編』二〇六・二〇七頁)

やりとりの回数は多いものの、それぞれが短く、特別な口上を述べるという雰囲気はほとんど感じられない。表現も簡略で、普段の会話と変わらないやりとりに見える。要するに、型らしさが見当たらないのである。この点が、大阪や京都と、場合によっては東京とも違うところである。

もっとも、右の秋田の会話はやや極端なケースであり、東北の他の地域では不祝儀の場合に独特と思われる言い回しが見られる場合もある。しかし、全体にいちいちの発言が単純で持って回ったところがなく、やりとりも短いことが多い。なかにはお互いに一言ずつ発しただけで終了する会話もある。いかにも不祝儀の挨拶らしいといった感じがしてこないのである。東北では挨拶の型に当たるものが、関西に比べて十分成り立っていないと言うことができる。

朝、どんなふうに挨拶するか

ここまで見てきた不祝儀の場面は、日常生活といってもかなり特別な場合である。もっと当たり前の場面、例えば、朝、知り合いの家を訪問する場面ではどうだろうか。

まず、大阪の会話を挙げる。資料は同じくＮＨＫのものである。

女　ゴメンヤシテ　オクレヤス。
男　アー　オ越シヤス。
女　オハヨーサンデ　ゴザリマス。
男　オハヨー　ゴザイマス。
女　コンニチワ　結構ナ　オ天気サンデ　ゴワンナ。

男　エライ　ヨロシー　オ天気デ。
女　アンサン　エライ　ハヨー　オヒナリヤシテンナー(お起きなさったんですね)。
男　エー、今　ヤットー　御飯　済マシタ　トコデ。
女　マダ　オ休ミカト　思テ　ヤシタ。アノ　コナイダ　申シテ　マシタナ、アノ　顔見セ(芝居)　オ越シヤッカ。(以下略)　(『全国方言資料4　近畿編』二〇八・二〇九頁)

まず、訪問と出迎えの挨拶から入り、朝の挨拶の交換へと続く。次に、当日の天気に触れ、起床について話題にする。その後、ようやく訪問者が、訪問の用件である観劇のことを語り出す。この用件の話に入るまでのやりとりが長く、しかも型にはまっているところが特徴的である。ここにも、谷崎の言う「定式」を見て取ることができる。

それでは東北ではどうだろうか。宮城県宮城郡根白石《ねのしろいし》村(現仙台市)でのやりとりは次のとおりである。

男　起キタカー。
女　ハイ。

男　今　起キタノカヤ。
女　エヘー　ナンダェー　オンツァン　ハエーゴター。オレ　ハエート　思ッタラ、オンツァン　マダ　ハエーネー。
男　ナーンニャ　寝テランネーゼ　忙スクテヤ。
女　ナーニ　ホンナニ　忙スィノ。
男　ナーニ　キサー(あんた)　百姓ダモノ　田ノ草取リ　一番ダベッチャヤ　今日日ダモン。(以下略)
(『全国方言資料1　東北・北海道編』一五六・一五七頁)

他家に入るなり、いきなり「起キタカー」と相手の起床の確認から会話が始まる。そのあと、多忙のことに触れつつ、訪問の用件である草取りの話題に入っている。ここでは挨拶らしきものが見当たらず、先の大阪のような型にはまったやりとりが観察されない。不祝儀のような特別な場合だけではなく、朝の訪問のようなごく日常的な場面においても、型の有り無しの違いは大阪と東北とで際立っている。

ところで、朝の挨拶と言えば「オハヨー」である。「オハヨー」は右で見たように、大阪の会話では使用されていたが、宮城の会話では使われていなかった。これはたまたまそうだったのか、それとも地域的な傾向なのか。
　試みに、同じくＮＨＫの会話資料をもとに、近畿と東北の収録地点を全部確認してみることにしよう。近畿は一二地点、東北は一〇地点である。各地点の会話の出だしの部分、二人の会話の冒頭を抜き出すと次のようになる(↓は話者の交替を表す)。

オハヨー　↓　ハヤイナ　(三重県一志郡美杉村川上)
ハヤイノー　↓　アー　ハヤイノー　(三重県志摩郡浜島町南張)
ハヤイノー　↓　ハーイ　オハヨー　(三重県北牟婁郡海山町河内)
ゴメンナ　↓　オイデヤス　↓　オハイヨ　↓　オハヨーゴザイマスナ　(滋賀県犬上郡多賀町萱原)
バーサン　ハヤイノー　↓　ハー　(滋賀県高島郡朽木村)
ゴメンヤシテ　オクレヤス　↓　アー　オ越シヤス　↓　オハヨーサンデ　ゴザリマス
↓　オハヨー　ゴザイマス　(大阪市中船場)
オハヨー　ゴザイマス。オサムー　ナリマシテ　オザイマス。皆サン　オ変ワリモゴザイマセンデ　ゴザイマスカ　↓　アリガトー　存ジマス　(京都市室町筋)

オハヨー　↓　オハヨ　（兵庫県神崎郡神崎町粟賀）

アニサーン　↓　ホイ　↓　オハヨーサンデス　↓　オハヨーゴザス

（兵庫県城崎郡城崎町飯谷）

エラ　ハヤイナー　↓　ハエーナ　（奈良県山辺郡都祁村）

オハヨゴザンスー　↓　オハヨゴダイマス　（和歌山県日高郡龍神村大熊）

オハヨ　ゴザイマス　↓　ハイ　（和歌山県東牟婁郡古座町）

「オハヨー」の代わりに「ハヤイナ」とか「ハヤイノー」などと言う地点がある。これについてはまたのちほど話題にするが、それらを含めると、全地点で「オハヨー」の類が使用されている。近畿は大阪に限らず、「オハヨー」系の挨拶言葉が定着していると考えてよい。

それでは東北はどうか。東北は次のとおりである。

オハヨゴシ　↓　ハイ　（青森県南津軽郡黒石町）

オハヨーゴザイマス　↓　ハイ　オハヨーゴアス。ハヤカッタネシ　オネーヤ（あなたは）

（青森県三戸郡五戸町）

ゴメンナシェンシェ　↓　ハー　オヘーリエンシェ　（岩手県宮古市高浜）
ハエットッ　↓　ハエ　（岩手県胆沢郡佐倉河村）
オキタカー　↓　ハイ　（宮城県宮城郡根白石村）
イヤ　コンニチワ　↓　ハイ　ドダゲャ。ヤスンデクナシェヤ。（秋田県南秋田郡富津内村）
オハヨーシ　↓　ハイ　（山形県南置賜郡三沢村）
コンニチワ　↓　ハエ　（山形県東田川郡黒川村）
オハヨー　↓　オー　ナンダー　イマ　コノ　ハヤェーグ　キテ（以下略）（福島県相馬郡石神村）
アー　オハヨー　オザイヤス　↓　アイ　オハヨー。ショージョノ（勝常の）バーサマガ（福島県河沼郡勝常村）

「オハヨー」の類を使うのは半数の地点でしかない。他は、「ゴメンナシェンシェ」や「コンニチワ」のような訪問の挨拶のみで、朝の挨拶は交わされていない。「ハエットッ」も「入るぞ」の意味である。「オキタカー」は先ほど取り上げたもので、意味から見ると朝に使われやすいことはたしかだが、そもそも挨拶らしくない言い方である。

東北では、このように「オハヨー」というお決まりの挨拶言葉は十分市民権を得ているわけではない。しかも、「オハヨー」を使う地域でさえ、まだ中途半端な使い方をしているように見える。

もう一度、右のやりとりを見てほしい。東北で気になるのは、「オハヨー」を使う地点であっても、訪問者の「オハヨー」という声かけに対して、家の者はただ「ハイ」と返事をするだけの地点が見られることである。近畿にもそのような地点は存在するが、ほとんどの地点で、「オハヨー」に対して「オハヨー」と挨拶を返している。この鸚鵡返しのような型にはまったパターンが東北には定着していない。

「おはよう」と言わない地域

ところで、朝の挨拶については、国立国語研究所の『方言文法全国地図』に全国八〇〇地点の調査結果が地図化されている。略図を**図5**として示そう。

この地図は、「朝、近所の目上の人に道で出会う」場面を設定しており、右で見た訪問の場面とは異なる。また、調査時期が会話資料より新しい。そのせいか、出てくる形式が会話資料

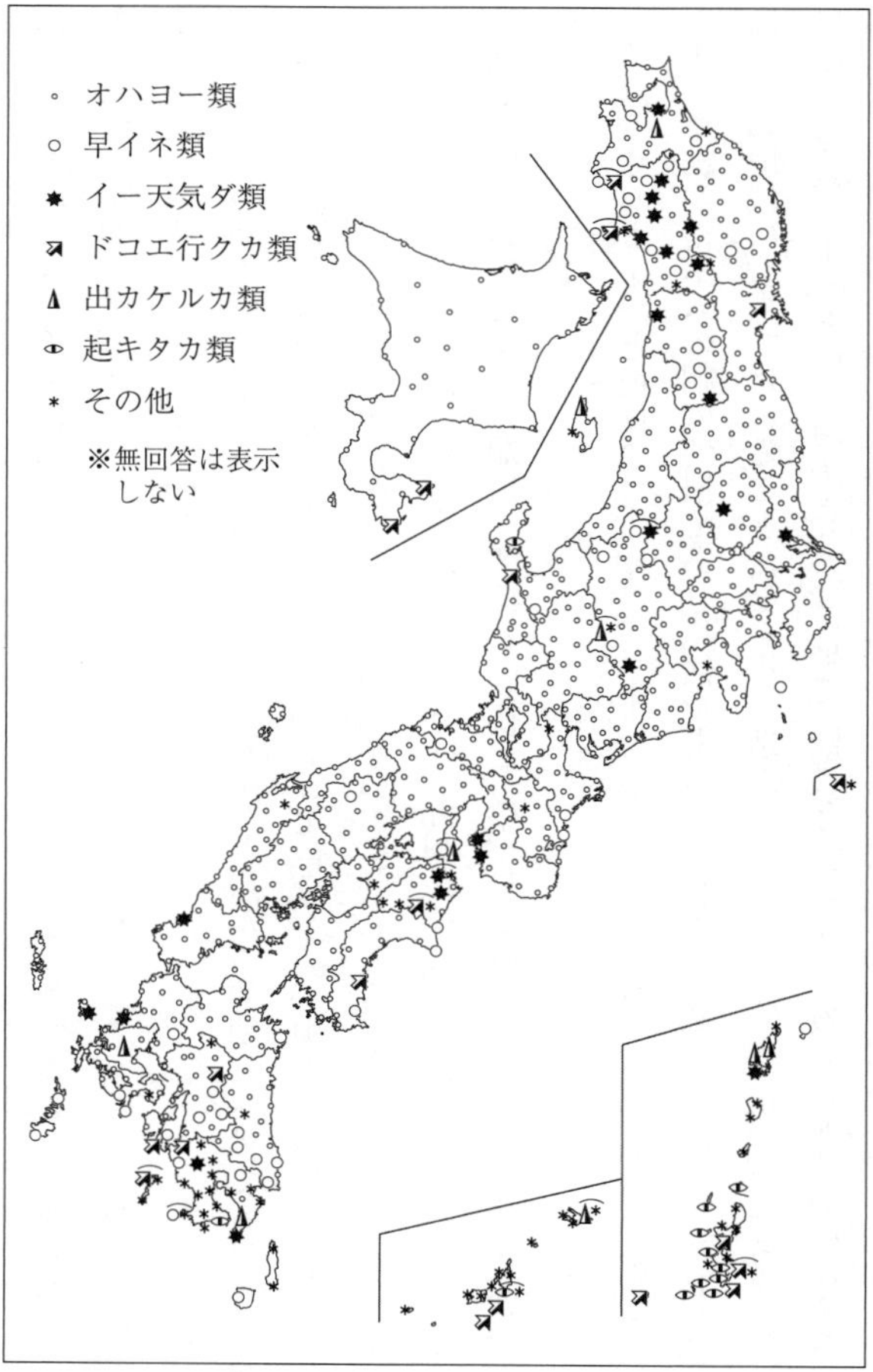

図5 朝の挨拶(三井はるみ 2006 を改変)

とは異なっていたり、「オハヨー」の類がかなり広まったりしている。それでも、他の地域に比べて、東北には「イー天気ダ」「ドコエ行クカ」「出カケルカ」など、挨拶らしくなく、しかも朝以外の時間帯にも使えるさまざまな言い方が回答されている。この点は、右の会話資料から見た東北の特徴に通じるものである。

また、この図で注目されるのは、そうした傾向が九州から沖縄にかけても見られるという点である。これらの地域にも、「イー天気ダ」「ドコエ行クカ」「出カケルカ」、あるいは、「起キタカ」といった、一見、朝の挨拶とは思われない言い方が多く現れている。そうすると、「オハヨー」を使用しない傾向は、東北だけでなく、九州・沖縄の特徴でもあるということになる。東北と西南という日本の両端に、朝特有の挨拶言葉が見られないというのは興味深い事実である。

朝は「オハヨー」と挨拶する。「オハヨー」と声をかけられたら、こちらも「オハヨー」と返す。これが日本人の朝の習慣であり礼儀であると、私たちは考えている。そして、このことは、どの地域にも当てはまることだとも思い込んでいる。しかし、現実はそうではない。日本には、「オハヨー」というお決まりの言葉で挨拶を交わすことのない地域が存在するのである。

東日本大震災の被災地の一つ、気仙沼で支援者の意識調査を行った際、横浜出身の介護士の女性が次のように言っていた。

避難所で活動しているが、こちらが「おはようございます」と声をかけても、地元の人は「おはよう」と返してくれない。ずいぶん違う土地に来たんだなと思った。

ここまで述べてきたことからすれば、この感想はよく理解できる。東北の被災地の人が「オハヨー」と挨拶しないことも、それに横浜から来た介護士がカルチャーショックを感じたことも、両方ともである。

さて、不祝儀の弔問や、朝の訪問・出会いの場面について見るかぎり、日本の中央部、特に近畿には決まり事としての挨拶の型が存在するように思われる。一方、東北や九州・沖縄ではそうした挨拶の型は、近畿ほどには整っていないように見受けられる。

この点は、他の挨拶の場面についても十分観察を行ったうえでないと明言はできない。しかし、おそらくその見通しは誤っていないだろう。筆者が行った全国調査によれば、他の場面でもそうした傾向を見せる事例がある。例えば、訪問の挨拶においても、近畿では訪問する側が「ゴ免ヤス」と声をかけ、それを迎える側が「オ越シヤス」「オ出デヤス」と応じるという一定のパターンが観察される。また、客が帰るときには、「愛想ナシデ」と言って送り出すことが多い。こうした表現の固定化は特に近畿に強く認められるようである。ほかの地域ではもう少し表現がばらけてしまい、一定の言い方が見えにくくなっている。

喧嘩をするにも決まりがある

ものの言い方には型が存在する。つまり、こういうときにはこういう言い方をする、あるいは、こう言われたらこう返す、といった決まり事が成り立っているということである。場に応じた決まり文句や、かけあいのパターンの存在、それがすなわち、ものの言い方に型があるということにほかならない。

しかし、そのような約束事としての型は、挨拶のような儀礼的な分野では見出すことができても、ほかの分野ではそれほど顕著には観察されないのではないか、という疑いもある。これはそうかもしれない。だが、儀礼的な分野とは一見対極に位置する世界、例えば、感情を露わにするような局面においてさえ、ある種の型が認められる場合がある。

喧嘩の場面を考えてみよう。喧嘩の始まりである。真田信治・友定賢治編『県別罵詈雑言辞典』によれば、相手に言いがかりをつけるとき、近畿では次のような言い方をする（以下、例文の表記や共通語訳はわかりやすさの便を考えて適当に改めた場合がある）。

三重県「なんぞ文句あるんか」
滋賀県「なんか文句あんのか。なんやねん」
京都府「なんか文句あんのか」
大阪府「なんやねん、おまえ、なんか文句あるんか」
兵庫県「なんどぇ文句あんのか」
奈良県「なんか文句あんのか」
和歌山県「なんど文句あんのかえ／あんのけ」

各地とも、判を押したように同じ表現が並んでいる。驚くばかりの統一感である。この辞典は実際の調査によって記述を行っている。したがって、創作ではないことは明らかである。それがこのように一致するということは、この地域には、言いがかりをつけるにも一定の決まり文句が存在することを意味する。どんなにかっかと頭に血が上っても、めちゃくちゃな言い方をしてはいけない。「何か文句があるのか」と第一声を上げることがルールになっているのである。

これが東北だと次のようになる。

青森県「おめ、なんだもんだば」

岩手県「うな、何しゃべってんのやっ。こばがくせーごど言って、なんだっ」

宮城県「何語る。この野郎」

秋田県「なにや、んが(お前)」「んが、やらんだが(やるのか)」「なしたどって(なにをしたって)」

山形県「なんだず(何だよ)。なにや、おまえ」「なにが文句あっか/文句あんだが」

福島県「なんだ、この野郎。文句でもあんのがー」

ここでも、「何を言ってるんだ」「何だ、この野郎」といった一定のパターンらしきものは読み取れる。しかし、その統一感・徹底度は近畿に比べてはるかに低い。さまざまな表現が許容されていて、決まり文句が十分成立していない。そこが近畿と大きく異なるところである。

もう一つ具体例を見てみたい。相手にばかにされたときは何と反発するか。その場面でも近畿と東北の違いは顕著である。近畿では、「おまえ、なめたらいけないぞ」式の言い方が広く観察される。先ほどの辞典から抜き出してみよう。

三重県「おまん／われ、なめたらしょーちせんぞ」
滋賀県「われ、何ぬかしとんねん。もっぺん、ゆーてみー。なめとったらあかんぞ」
京都府「おまえ、なめとったらいわすぞ」
大阪府「おまえ、なめとったらあかんで」
兵庫県「おどれ、なめとったらしょーちせーんどー」
奈良県「このがき、なめとったらいてまうぞ」
和歌山県「おんしゃわれ、なめちゃーったーしばくぞ」

「おまえ」「われ」「このがき」などと相手に呼びかけたあと、気に障る行為を「なめたら」「なめとったら」と指定し、それに対して「あかん」「承知せん」「いわす」などと嫌悪感や報復の可能性を提示する。こうした表現の型が近畿全体で共有されているのがわかる。

一方、東北はこんなふうである。

青森県「な、ふざげだごとせば、ただでおがねや」
岩手県「何っ。さんかぐやろー。うなっ(おまえ)、けねぇぐみで(ばかにして)、やるがっ」
宮城県「ぬさ(おまえ)、うるせっ、見でろよー」
秋田県「人ばがにすなやー」「人どごなんだど思ってる」
山形県「おまえ、ふざげんなず」「おまえ、おればなめでん(な)だが」
福島県「なんだどー、人のこど、ばがにしやがって。もっぺんずってみろ(言ってみろ)」

実にさまざまな言い方がなされているのがわかる。地域全体として、何か一定の型があるようには見えない。決まり事として、喧嘩言葉がパターン化されている感じではない。

このように、喧嘩というおよそ挨拶とはかけ離れた場面においても、近畿には表現の型が存在する。言いがかりをつけたり、反発したりといった感情的な局面においても、お決まりの型に沿って言葉を発しようとする。もし、そのルールを守らなければ、こいつはものの言い方を知らないんじゃないかと、収まる喧嘩も収まらなくなる感じである。

一方、東北は、そうした言い回しのルールはそれほど厳しくなさそうである。挨拶の場合でさえそうなのだから、喧嘩の場面ではなおさらであろう。ものの言い方の約束事からは解放されており、その分、表現の自由度が高い、それが東北の特徴と言える。

「しまった!」と叫ぶ地域

かこさとしの絵本『どろぼうがっこう』は、泥棒のくまさか先生と生徒たちが大失敗する物語である。ある晩、夜の遠足に出かけた一行は、実習よろしく大きな屋敷に忍び込むが、そこは実は刑務所で、自ら牢屋に入るはめになる。真っ暗な中で周囲を探っても、手に触るのは硬いコンクリの壁ばかり。そのとき電灯がパッとつき、事態を理解したくまさか先生は、「あっ、しまった」と声を上げる。

そのあとも、くまさか先生は「ウワー、ざんねん　むねん。ふかくの　いたり。しまった、しまった。くちおしや」と「しまった」を連発する。よほど予想外の事態で悔しかったのであろう。その狼狽ぶりが伝わってくるようである。

ところで、この「しまった」、筆者は右の例のような大時代的な文章語の一種であると思い込んでいた。失敗したときに日本語では「しまった」と言う。それは教科書的な話であって、実際にそんな紋切り型を口にする人はいないだろうと信じていたのである。

ところが、この思い込みは間違っていた。現実に「しまった」と声を上げる人たちがいるのである。

図6を見ていただきたい。これは、失敗したときに「しまった」の類(シマッタ、シモータ)を口にする地域を表示したものである。筆者が行った感動詞の全国調査の結果であり、通信調査によって得た全国約八〇〇地点の回答を地図化してある。

これを見ると、実際に「シマッタ」と言うのは愛知・岐阜あたりの人たちに多いことがわかる。関東や中部からも「シマッタ」は回答されているが散発的であり、本場は愛知・岐阜であると言ってよい。また、「買ッタ」を「買《コ》ータ」と言うのと同じく、「シマッタ」を「シモータ」という地域もあり、それらは近畿から九州にかけて広まっている。そうした「シモータ」も含めて考えると、「しまった」の類は愛知・岐阜から西の地域の言い方であると言える。

しかも、図6によれば、西日本は表現が「しまった」に統一される傾向が強い。これに対して、東日本の回答は千差万別、ばらばらな状態で、地図に描いても分布がきれいに浮かび上がってこない。つまり、「サーサ」など、一定の広がりをもつ言い方はあるが、「ヤッター」「シクッタ」「チクショー」「アリャー」「アヤー」など、さまざまな言い方が混在している。そこで、この地図ではそれらは「その他」にまとめてしまった。このことは、西日本では、失敗の

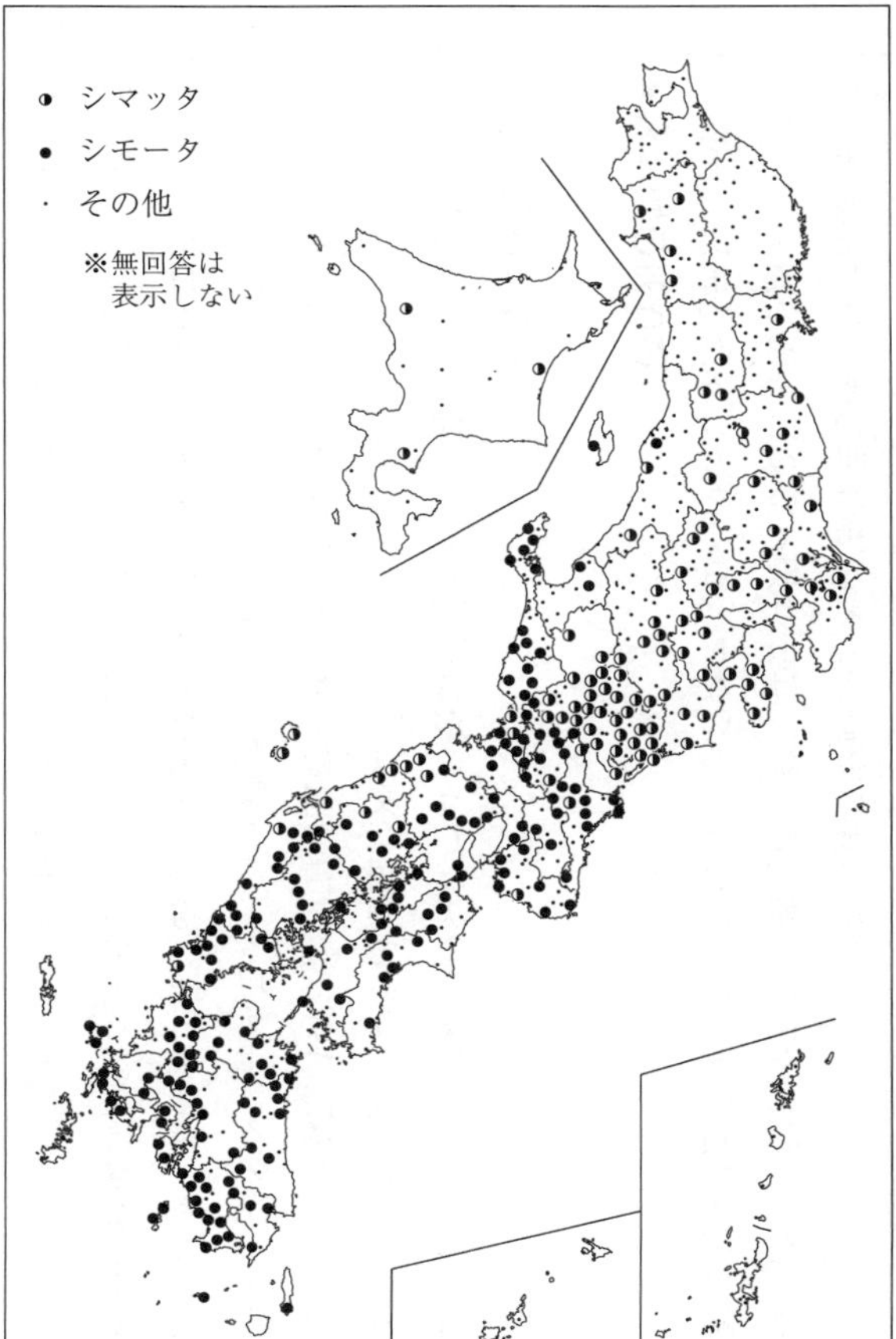

図6　失敗したときに発する言葉(澤村美幸 2011 を改変)

際に「しまった」という決まった言い方をする習慣ができあがっているのに対して、東日本ではそのような決まり文句が定着していないことを物語る。

失敗の驚きを表現する。そのとき、反射的に口をついて出る言葉はさまざまであっておかしくない。実際東日本はその予想に近い状態を示す。一方、西日本では、そうした咄嗟の言葉にまで一定の型が用意されている。つまり、「しまった」と声を上げるのがルールなのである。ものの言い方における型の存在は、西日本では叫び声の類にまで浸透している。

本節の冒頭、くまさか先生の「しまった」は文章語的であり、現実的な言い方ではないように思えると言った。それはどうやら、筆者がこうした決まり文句をもたない東日本の出身であることが原因だったようだ。

▼第2章のまとめ

以上、決まった言い方をする／しないという点にスポットを当てた。谷崎の観察を手がかりに不祝儀の挨拶について取り上げ、続いて、朝の挨拶を話題にした。また、喧嘩の文句や失敗をしたときの叫び声などもまな板に載せた。

それらを通して言えることは、まず、表現の型はものの言い方のさまざまな面に見られるということである。挨拶はもちろん、喧嘩のときも、驚くときも、場面ごとに決まり文句が用意されている。あるいは、会話のやりとりがパターン化されている。

次に、日本にはそのような型の存在が鮮明に現れる地域と、そうでない地域が存在することもわかった。近畿と東北の違い、あるいは、日本の中心部と周辺部の違い、そして、西日本と東日本の違いである。いずれのペアにおいても、前者の地域が決まった言い方をする傾向が強く、後者の地域がそうした約束事から自由であるという傾向が観察された。

ものの言い方に一定の決まり事を必要とする地域がある一方、そのようなことには無頓着な地域もあるわけである。

第3章　細かく言い分けるかどうか

万能の挨拶言葉「どうも」

ＮＨＫのイメージキャラクター「どーもくん」の人気はなかなかのようだ。「ドーモ」の一言しか言葉を発しないそうで、それで「どーもくん」と言うらしい。それにしても、この「ドーモ」、一語でさまざまな場面に対応できるところが便利である。「ありがとう」の代わりに「ドーモ」、「すまない」の代わりに「ドーモ」。あるいは、人と出会ったときは昼夜を問わず「ドーモ」で挨拶できる。別れ際に「ドーモ」もＯＫである。こうしてみると、「ドーモ」は挨拶の万能選手で、なかなかあなどれない存在である。

もともと「ドーモ」は、「どうもありがとう」「どうもすまない」などと言っていた後半部の

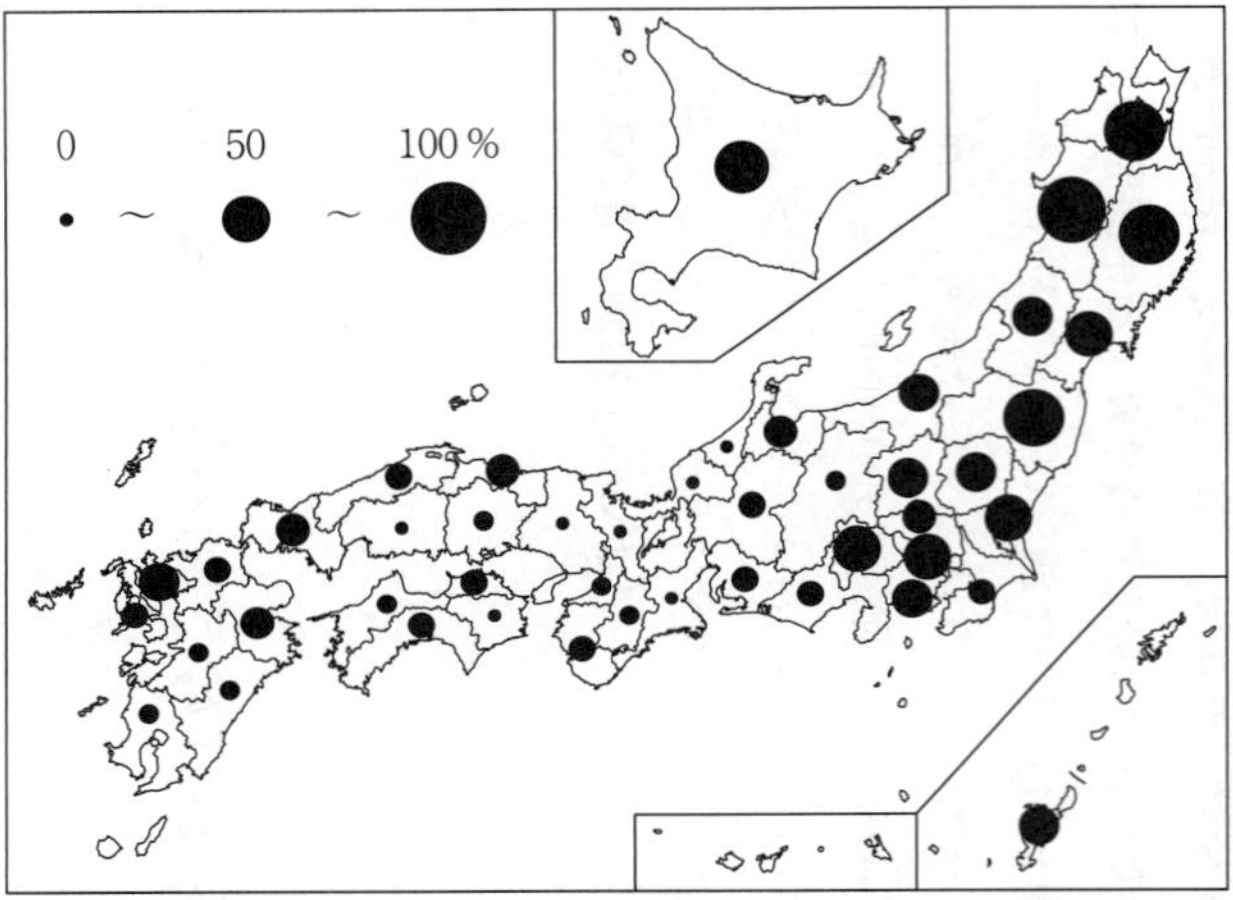

図7　店を出るときに「ドーモ」と言う人（篠崎晃一・小林隆 1997 を改変）

省略形であり、いろいろな用途に使えるのは当然とも言える。この汎用性が「ドーモ」の命と言ってもよい。しかし、どんなときにも「ドーモ」を使うのは、別の見方からすれば、何とも大雑把なものの言い方に思われるかもしれない。細かく場面を切り分けて、それぞれ専用の言い方を用意するのと、そうした区別はせずに、場面を大くくりにした言い方をするのと、どちらをとるかは地域によって好みの違いが出そうである。

実際、この「ドーモ」は全国に広まってはいるものの、よく使う地域とそうでもない地域とがある。**図7**をご覧いただきたい。この地図は、個人商店や小規模なスーパーなど、普段利用する店で買い物をしたあと、店を出るときに「ドーモ」と言う人の割合を都道府県別に示したものである。これを見ると、「ドーモ」の使用に地域差が現れていることがわかる。つまり、「ドーモ」を使う人は明らかに東日本に多い。特に、東北地方での使用率が高い。

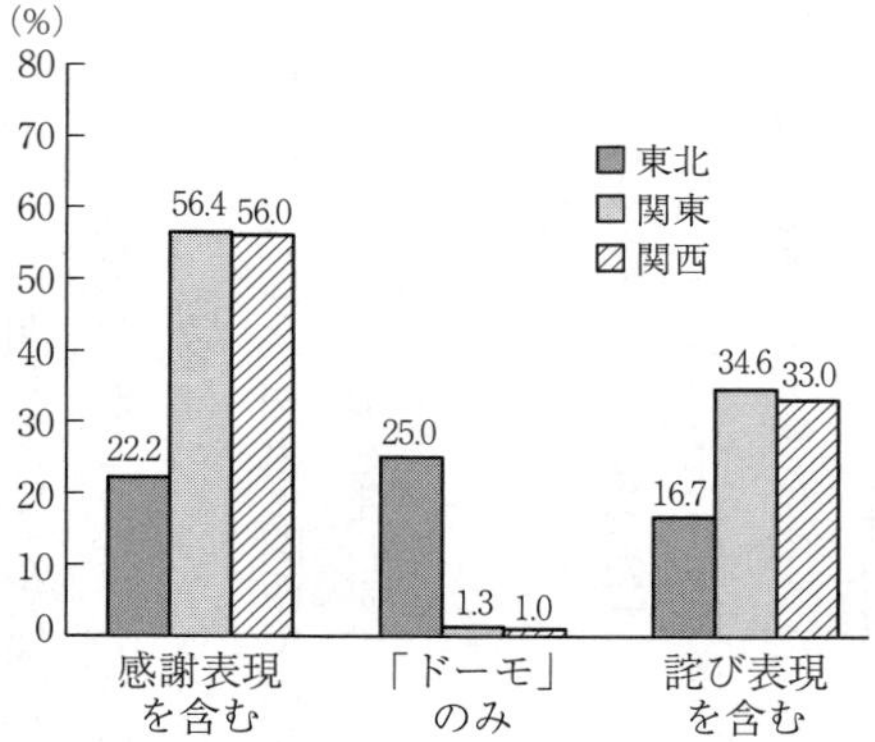

図8　義母に醤油差しを取ってもらったときの発話（西尾純二 2009 を改変）

図7の調査では、客側と店側とのやりとりについて、他の場面も調べている。その結果によれば、一割から三割程度と、この場面よりは少ないものの、「ドーモ」は東北を中心に客を見送る店側の挨拶にも現れている。さらに、入店の際の客側・店側双方の挨拶にも「ドーモ」の回答が見られた。このことから、東北では、買い物における挨拶は、客側も店側も、とにかく「ドーモ」一語ですませようとする傾向があることがわかる。つまり、お互いに「ドーモ」「ドーモ」とやっていれば、一通りの会話が成り立ってしまうのである。

「ドーモ」に関してはこんな調査結果もある。第1章で、家族から醬油差しを取ってもらったときに礼を言うかどうかという西尾純二の調査を紹介した。この調査では、実際の言い方も調べている。図8は、そのうちの義母に対する結果である。義理の母という最も気遣いの必要な相手に対して、関東と関西では感謝表現や詫び表現を多く使用している。それに対して、東北ではそうした表現を使わず、「ドーモ」の一言ですませる人たちがかなりの割合でいることがわかる。

「おはよう」と「しまった」

「ドーモ」は広い意味での挨拶言葉である。それが、さまざまな場面で使用可能な、用途の広い表現であることを見てきた。この挨拶言葉という点では、第2章の朝の挨拶もあらためて気になる。そこでは、「オハヨー」という決まり文句を使う地域と、「イー天気ダ」「ドコエ行クカ」「出カケルカ」「起キタカ」などといった実質的な言い方をする地域とが見られることを述べた。

これらの二種類の表現を比較すると、「オハヨー」は挨拶らしく、「イー天気ダ」「ドコエ行クカ」などは挨拶らしくない。それは一つには前者が挨拶専用の形式であるのに対して、後者は一般的な叙述や質問の形式だからである。また、前者が朝という時間帯に限定された言い方であるのに対して、後者が特定の時間に縛られず、広く使用できるからでもある。

地域的に見た場合、すでに述べたように、「オハヨー」は日本の中央部で使用されるのに対して、「イー天気ダ」「ドコエ行クカ」などは日本の周辺部の地域で使用される。このことは、日本の中央部では、朝という場面に特化した挨拶の専用形式が用意されているのに対して、日本の周辺部では、そうした特定の形式は用意されず、挨拶以外の場面でも、また、朝以外の場面でも使用可能な形式が使われていることを意味する。

このように、場面を細かく切り分けて専用の形式を用意するか否かという点では、先に見た、失敗の感動詞も注目される。

すなわち、「シマッタ」と「アリャー」「アヤー」「ヤッター」「チクショー」などの言い方を比べると、「シマッタ」が失敗専用の形式であるのに対して、「アリャー」以下は驚きや完遂、罵りなど、失敗以外の場面でも使用可能であるという点が異なる。それでは、それらの地域差はどうかと言えば、「シマッタ」(「シモータ」)が西日本的な言い方であるのに対して、「アリャー」以下は東日本に多い言い方であった。つまり、両者を比較して、特に失敗の場面を他の場面と区別し、独自の形式で表そうとする傾向は西日本に強く、東日本に弱いことがわかる。

述べるとき、驚くとき

みなさんは机の角に足をぶつけたときに、何と声を上げるだろうか。「イタ！」とか「アイタ！」と叫ぶ人は西日本の人、「イタイ！」と顔をしかめる人は東日本の人である。

それは図9を見るとよくわかる。この図は「痛いときに発する言葉」の全国分布を示したものである。いくつかの言い方が使われているが、概して、黒い記号で示した「イタ」や「アイタ」の類が西に展開し、白い記号で記した「イタイ」や「ア、イタイ」の類が東に優勢である（「ア、イタイ」は「ア」と「イタイ」に分解できるので、以下では話を簡単にするために「イタイ」に含めて述べることにする）。

現代では、若者語として、「サブ（寒い）」「アツ（暑い）」「ウザ（うざい）」「ヤバ（やばい）」などといった形容詞の語幹で止めて感嘆を表す言い方が流行り、東日本にも進出を果たしている。それらは、この図で言えば、「イタ」「アイタ」に当たる言い方である。つまり、これらの言い方は、もともと関西や西日本の伝統方言であったものが、テレビなどのマスメディアを通じて全国の若者世代に爆発的に広まったものと考えられる。

「イタイ」と「イタ」「アイタ」は、このように東西対立をなしている。この違いをさらに掘

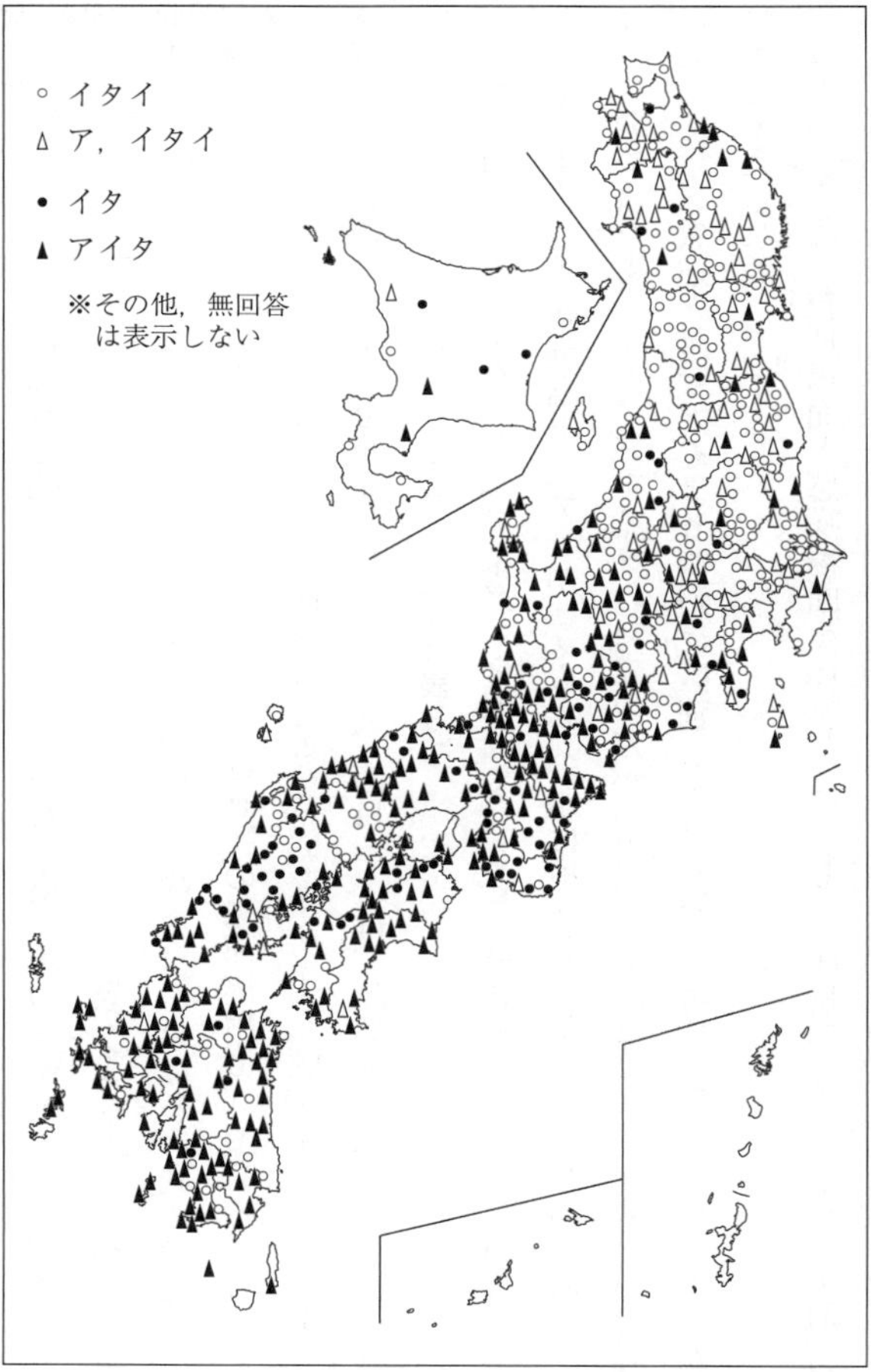

図 9　痛いときに発する言葉(澤村美幸 2011 を改変)

り下げてみよう。実は、この違いは形式だけの問題ではなく、表現の体系に関わる問題である。すなわち、東日本の「イタイ」は、驚くときだけでなく、普通に事態を述べるときにも、「足がイタイ」「頭がイタイ」のように使用される。つまり、叙述と感嘆を言い分ける形式ではない。一方、西日本の「イタ」「アイタ」は感嘆の場面専用形式である。普通に事態を述べる場面では、西日本でも「足がイタイ」「頭がイタイ」のように「イタイ」を使う。したがって、西日本では、叙述と感嘆を別々の形式で言い分けていることになる(**表3**)。

表3　叙述場面と感嘆場面の分化・未分化

	西日本	東日本
叙述場面	イタイ	イタイ
感嘆場面	(ア)イタ	

なお、西日本の「イタ」と「アイタ」を地図で見ると、後者の「アイタ」の方が一般的である。「アイタ」は、感動詞の「ア」が「イタ」の頭に被さり一語化したものである。イタイ／イタの対立よりも、イタイ／アイタの対立の方が両者の区別がはっきりする。つまり、西日本においては、叙述と感嘆とをより明瞭に区別しようという意識が働き、「アイタ」が生み出されたと考えられる。

以上のように、叙述場面と感嘆場面を比較してみると、西日本と東日本では表現の分化・未分化の違いが認められる。足が痛いことを人に説明したいのか、それとも、足が痛くて悲鳴を上げているのか、そうしたことはその場にいればわかりそうなものである。このわかりそうな点を楽観的にとらえれば、未分化な表現が選ばれるはずである。逆に、それでも言葉で区別しなければちゃんと伝わらないと考えれば、分化的な表現が志向されるであろう。そのどちらに傾くかに、東西のものの言い方の好みが反映されているのである。

命令表現の多様性

大阪方言は、人に命令するときの言い方がとても発達しているというのが尾上圭介の主張である。尾上は『大阪ことば学』の中で、大阪方言と東京方言の比較を行っている。その全部は紹介できないが、命令表現の中心をなす「命令基本形式」と「反語命令形式」を取り上げてみよう。

○命令基本形式（助詞付加形）

大阪　言エ（言エヤ）

言イ（言イイナ、言イヤ）

言ウテ（言ウテエナ、言ウテヤ）

東京　言エ（言エヨ）
　　言ッテ（言ッテヨ）
○反語命令形式（助詞付加形）
大阪　言ワンカ（言ワンカイ、言ワンカイナ、言ワンカイヤ）
　　言インカ（言インカイ、言インカイナ、言インカイヤ）
　　言ウテンカ（言ウテンカイナ、言ウテンカイヤ）
東京　言ワナイカ（言ワナイカイ）

たしかに、これだけ眺めただけでも、東京に比べて大阪の多様性がよくわかる。特に、連用形命令法と呼ばれる「言イ」の系列が備わっている点が、大阪の言い方に厚みを加えている。

ちなみに、これが仙台だと、次のようになる。

○命令基本形式（助詞付加形）
仙台　言エ（言エヨ、言エワ）
○反語命令形式（助詞付加形）

仙台　言ワネガ（言ワネガヤ、言ワネガワ）

仙台には大阪の「言イ」の系列はもちろんない。また、大阪・東京両方で使用される「言ウテ」「言ッテ」のテ形もほとんど使われない。この点で、仙台は大阪・東京より命令の形式が少ないことになる。もっとも、助詞を付けた形については、仙台にも一定の多様性がありそうだ。

今、普通体の形式のみを見たが、敬意を含んだ形式を含めるともっとバリエーションが増える。また、命令に関連して依頼や要望、勧めなどといった広義の要求表現を視野に入れると、さらにいろいろな形式を相手にしなければいけなくなる。本来、そうした表現全体を視野に入れて地域間の比較をする必要があるが、残念ながら、各地のそうした実態は十分明らかになっていない。ただ、ここまでのところで、こうした命令に関わる表現の発達が、西高東低の傾向を示すことは予想がつきそうである。

大阪方言になぜ命令形式が豊富なのか、尾上は次のように述べる。

これほど多様な命令・要求表現の道具が生きて使われ、しかも使い分けられているというのは、大阪の言語生活ではそれほどこまやかに命令・要求の姿勢、もちかけ方を区別しているということにほかならない。相手と自分の関係や、場面、状況のあり方を精細、緻密に感じ分け、それに応じて要求の仕方を微妙に使い分ける、そのような対人的な感覚の鋭さと、対応のこまやかさ、敏捷さとが、道具としての命令表現形式の多様さを必要としているのである。

（『大阪ことば学』六七頁）

命令や要求という対人的に最も難しい内容をいかに相手に提示するか、そこに「相手と自分の関係や、場面、状況のあり方」に応じた細かな表現の使い分けが必要となるという。「命令・要求の姿勢、もちかけ方」が細やかであるという、ものの言い方の志向に言及する点も興味深い。こうした特徴は、おそらく命令表現のみでなく、大阪方言におけるものの言い方全体に通底する可能性があるだろう。

▼第3章のまとめ

本章では、場面ごとに細かく言い分けるかどうかという点について、ものの言い方の地域差を見てきた。

汎用的な挨拶形式の「ドーモ」や叙述・感嘆を区別しない「イタイ」の使用は、東日本を特徴づけるものであった。逆に、失敗専用の「シマッタ」や感嘆に特化した「(ア)イタ」は西日本的な言い方であった。また、朝の挨拶では、「オハヨー」を用いる日本の中央部と、そうした専用形式を使わない周辺部との違いが際立った。命令表現の多様性が、大阪方言>東京方言>仙台方言の順に並ぶことも取り上げた。

以上からは、細かく言い分けなければいけない西日本(および日本の中央部)と、大雑把な言い方でかまわない東日本(および日本の周辺部)、といった対立が浮かび上がってきそうである。

第4章　間接的に言うか直接的に言うか

ぶっきらぼうと遠回し

「回りくどい言い方をせず、ぱっぱっと単刀直入に話す」「飾り気のない言葉で、ポンと用件を投げかける」。気仙沼を訪れた東京や関西の支援者が、地元の人々の話し振りからこのような印象を受けたことはすでに紹介した。東北以西から来た支援者には、東北人のものの言い方がぶっきらぼうに聞こえたのかもしれない。

こういう経験は筆者にもある。例えば、仙台市内のバス停でバスを待っていると、見ず知らずの人が唐突に、「このバス、○○通るか」と尋ねてくることがある。あるいは、研究室で作った報告書を欲しいという人が、電話をかけてくるなり、「報告書、もらえるか」と、用件そのものをズバリと言うこともある。
こうしたものの言い方には、二つの特徴が関係しているのではないかと思われる。一つは、話を開始するにあたって前置きがないことである。そのため、いきなり本題に切り込む印象を受ける。もう一つは、同じことを言うにも、特別な表現や暗示的な表現を使わないことである。そのせいで、話し手の意図や話の本筋がむき出しになっている感じがする。
第2章で弔問の場面について見たが、秋田では、「こんにちは」「はい」というやりとりのあと、すぐに、

男　ナート　ジーチャ　死ンデ　困タコタナス。

と、相手の身内の死亡を話題にしている。ほとんど前置きらしいものが見当たらない。一方、大阪では、次のように、死への言及に至るまでに多くの言葉が尽くされている。

男　タダイマー　マー　オ知ラセノ　オ使イ　チョーダイイタシマシテ、ビックリーシテオリマスヨナ　次第デゴザイマス。ナント　申シ上ゲーマシテ　ヨロシーヤラ、セッ

カク　イロイロト　オ尽シーナサイマシタノニ、ゴ寿命トワ　中シナガラ、オヨロシュー　ゴザイマヘナンダソーデ、サゾ　オカ落トシノ　コトデ　ゴザイマッシャロナー。

また、秋田では「死ヌ」「困ル」のように普通の言葉でストレートに表現する内容を、大阪では「オヨロシューナイ」「オカ落トシノコト」と不祝儀独特の間接的な言い回しで表現している。秋田の方は明快でわかりやすいものの、たしかにぶっきらぼうの感は否めない。それに対して、大阪の方は丁寧な印象を受けはするが、話の核心がオブラートに包まれてぼんやりしている感じである。

この例をもって、直ちに関西は婉曲な表現を好むとまでは言えない。しかし、谷崎潤一郎はそのような感想を抱いていたようである。あらためて、彼の発言に耳を傾けてみよう。

仮に東京人が大阪人に無心に行くとする。ところが相手はいつまでたつても確答を与へないので腹を立てゝて帰る。しかし大阪人の方では実はちやんとイエスかノーかを雑談のうちにほのめかしたつもりなのだ。そのほのめかし方が、土地の人同士なら立派に明答として通用するのだけれども、東京人はアケスケな言葉に馴れてゐるので、その謎を悟らない。
（「私の見た大阪及び大阪人」『谷崎潤一郎全集』二〇、三八七頁）

「ほのめかし」と「アケスケ」、谷崎は大阪と東京のものの言い方をこのように表現している。暗示的なもの言いを好む大阪と、明示的なもの言いを好む東京との違いをとらえたものと言えよう。こうした観察からすれば、関西と対比したときに、東京の話し振りには東北のものの言い方に通じる特徴が見られるのではないかと思われる。

もちろん、谷崎の言う東京の「アケスケ」と、先に見た東北のぶっきらぼうとは微妙に異なる概念である。このあたりは厳密に考える必要があろう。しかし、大雑把に言えば、話し方が直接的で単純であるという点において両者は共通する。この点が、間接的で凝った表現を志向する関西との大きな違いと言えるかもしれない。

こうしたものの言い方の直接性について、本章では見ていくことにしよう。

「買う！」

みなさんは商店で買い物をするときに、何と声をかけて中に入るだろうか。こう聞くと、いや、スーパーやコンビニでそんなことを言う人はいない、という返事が返ってきそうである。現代ではたしかにそうであろう。それでは、もうひと時代前、まだ、個人商店があちらこちらに見られた頃のことを想像してほしい。

この場合、一般的には「御免クダサイ」、ないしは、「コンニチワ」と言うことが多いのではなかろうか。筆者も「御免クダサイ」と言っていた記憶がある。こうした掛け声について、全国的にはどうなのか調査してみると、さまざまな言い方が行われていることがわかる。**図10**を見ていただきたい。

回答された言い方はあまりにもバリエーションが多い。そこで、凡例に示すように、語源の観点から見て一一個のグループ(系)に分類してみた。「居ルカ系」「入ルゾ系」といった表示がそれである。また、それらの言い方を表現意図の視点から、さらに六つのグループ(類)にまとめた。「存在確認類」「意志表明類」などの名称がそれに当たる。

地図を見ると、たしかに「御免クダサイ」と「コンニチワ」が全国に広く分布している。だが、その中でひときわ異彩を放つのが、東北や北関東に見られる「買オウ系」である。この「買オウ系」には、秋田の「カワーイ」、茨城・千葉の「カーベヨー」、石川の「コーワニー」などを含めたが、最も多く回答されたのが「カウー」という形式である。これはもちろん、

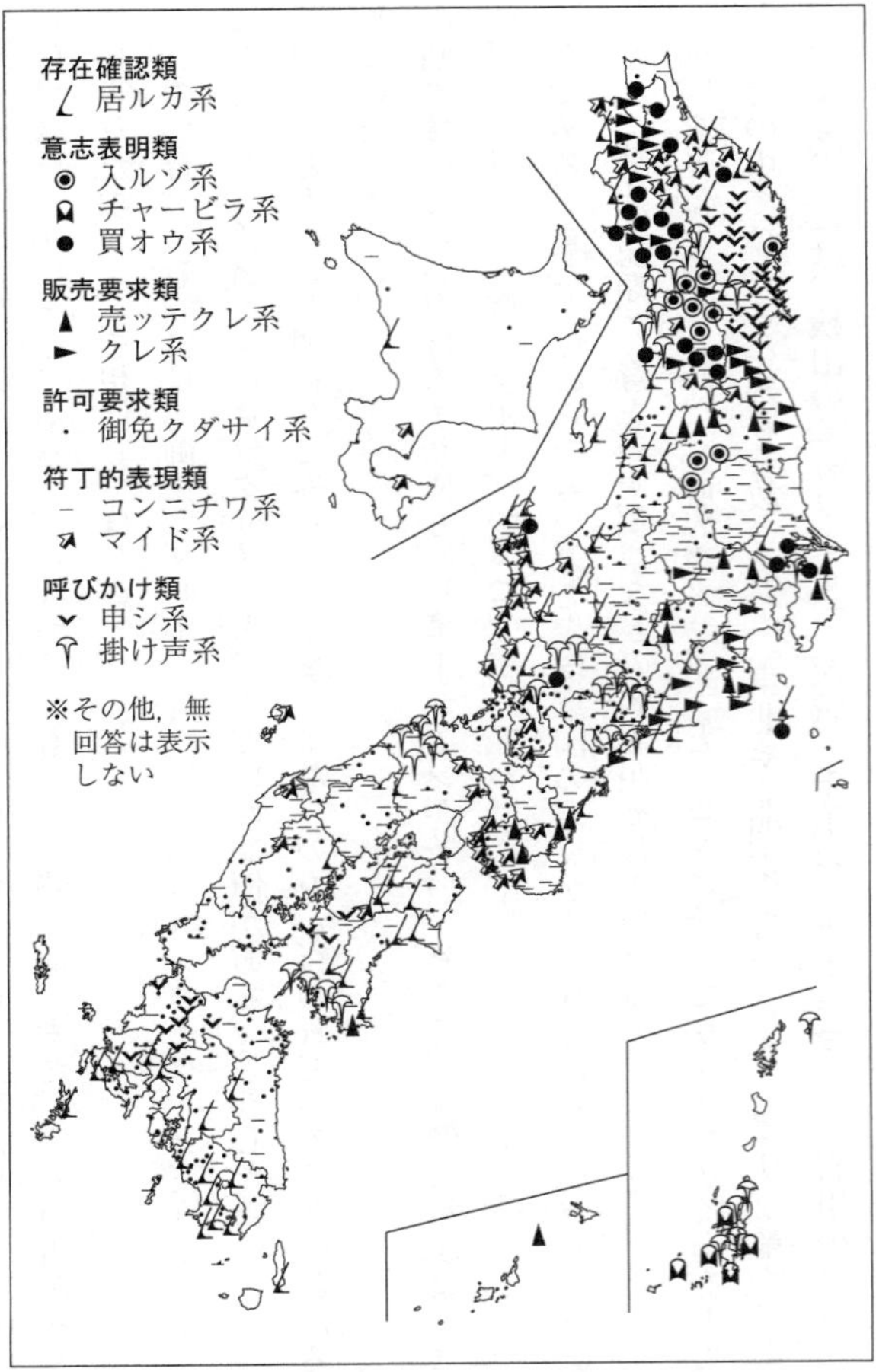

図 10　入店の挨拶(小林隆 2014a を改変)

「買う」という動詞の末尾を伸ばす言い方であり、筆者が青森県五戸市の話者から実際に聞いた発音では、「ウ」を三、四拍分引き伸ばしていた。

この「カウー」が強烈な印象を与えるのは、買物という行為そのものズバリを指す言葉だからである。かたちは動詞の終止形であるが、これは話し手の意志を表している。つまり、店先で「私は買うぞ！」と宣言する言い方なのである。前置きもせず、自分の用件そのものを明確に表明する、そうした点を突き詰めた極限の言葉が「カウー」であると言ってよい。

本書の冒頭で、「ケツアツー」と声を上げながら血圧測定の部屋に入ってくる被災者のことを話題にした。血圧を測ってほしいから「ケツアツー」と叫ぶ。このストレート感は、「カウー」にもそっくり当てはまる。訪問の目的を一言で言い放つ単純明快さが、二つの表現に共通しているのである。

ところで、「買オウ系」は購入の意志を表すが、「入ルゾ系」と「チャービラ系（＝「来侍る」の意志形）」は店に入ることの意志を表している。こうした「意志表明類」は**図10**からわかるとおり、東北と沖縄に偏って使われている。これらも直接的な表現である。また、「販売要求類」にまとめた「売ッテクレ系」と「クレ系」も、用件をそのまま述べるストレート感は「意志表明類」に近く、地理的にはやはり東北に分布するが、こちらは関東・東海の一部や紀伊半島のあたりまで広がりが見られる。

これに対して、「許可要求類」の「御免クダサイ系」は、本来、店に入ることの許しを請う表現であり、「意志表明類」や「販売要求類」のもつ露骨な感覚はない。さらに、「符丁的表現類」の「コンニチワ系」「マイド系」や、「呼びかけ類」の「申シ系」「掛け声系」になると、それらはもはや実質的な意味をもたない表現であり、物を買うという訪問者の意図は完全に隠されてしまっている。こうしたいかにも挨拶らしい表現は、地図を見ると明らかなとおり、主に関東から西の地域に広まっている。

相手の領域に立ち入る

先の**図10**には、「居ルカ系」の分布も現れていた。東北と中部、四国、九州に見られ、関東・近畿といった日本の中央部を避けて分布するようである。具体的には東日本で「イタカ」、西日本で「オルカ」が多く使われている。ここでは買い物の場合を取り上げたが、これらは一般の訪問時にも使用される表現である。国立国語研究所の調査結果を分析した真田信治によれば、「居ルカ系」は一般の訪問時にも**図10**とほぼ同じ地域で使用されている。
ところで、この「居ルカ系」もずいぶんストレートな表現である。「存在確認類」に分類したように、相手が家にいるかどうかを直接確認する言い方になっている。こうした相手の状態を尋ねる表現は、先に見た朝の挨拶の場面にも登場していた。すなわち、**図5**では、「起キタカ」「出カケルカ」「ドコエ行クカ」などの表現が、東北や九州・沖縄といった日本の周辺部に分布していた。

相手の起床や出発を確認する。場合によっては行く先まで尋ねる。これは見方によっては相手の私的な領域に立ち入る行為とも言える。プライバシーや個人情報の保護に敏感な現代人の感覚からすれば、「起キタカ」「ドコエ行クカ」などと聞くのは、なんともぶしつけな感じがしてしまう。しかし、そうした立ち入った会話が、挨拶代わりに普通に行われている地域が日本には存在する。

東北大学方言研究センターでは、会話資料に基づく言語行動の記録作業を進めているが、その中の一つ、気仙沼市でのやりとりを見てみよう。二〇一二年に高年層男女を話者として収録したものである。

まず、朝、道端で友人に会ったときの会話。

女　アレー、ドゴサ行グノー。

男　仕事スサ。今、商売デ行グドゴ。
女　アー、ホント。ア、ンデ、行ッテダイン(行ってらっしゃい)。
男　ハイ、マイドドーモネー。
女　ハイー。
(『伝える、励ます、学ぶ、被災地方言会話集』四九頁)

地図で見たような「どこへ行くか」にあたる言い方が、たしかに行われている。特に、挨拶らしい挨拶もなく、いきなり相手の行く先を尋ねていることがわかる。

昼の場面も見てみよう。

女　アレ、オ昼ダネー。オ昼食ベダノスカー。
男　マダダー。
女　ンデー、早グ食ベデー、オ昼寝スライン(お昼寝しなさい)。
男　ハイ、アリガトー。
(同四九・五〇頁)

ここでは、昼食をとったかどうかを確認している。相手がまだ食べていないと答えると、早く食べて昼寝をするように促す。食事や昼寝といった個人的なことがらを話題にし、しかも、それに関して指図まで行っている。一見、差し出がましくおせっかいな内容に見えるが、こうしたやりとりは、地元の人たちにとっては普通である。

一方、京都人の話し振りはこれと対極をなす。大淵幸治は、「あら、お出かけどすか」「へえ。ちょっとそこまで」といったステレオタイプな会話を紹介している。気仙沼では「どこへ行くか」と相手の行く先を問うところを、京都では「出かけるのか」と、その場の状況確認にとどめる。答える方も、気仙沼では「商売(仕事)に行く」と、まともに返事をするところを、京都では「ちょっとそこまで」と適当な言い方ですませる。大淵によれば、京都人は他人にかまわれることが大嫌いで、最低限必要な笑顔と声かけは欠かさないけれども、他人事には極力かまわないようにするのだそうである。右のようなお決まりのやりとりには、そうした京都人の姿勢が端的に現れている。

こうした京都のやりとりに対して、東北では相手の私的な領域に立ち入る。しかも、前置きをしたり、ぼやかしたり、遠回しに言ったりすることなく、率直に相手のプライバシーに切り込む。こうした会話が東北ではそれほど不自然ではなく、日常的に交わされていることは興味深い。

東北人の会話が短いことはよく話題にされる。「ドサ(どこへ)」「ユサ(湯へ)」で会話が成立するという話は有名である。「ケ(食え)」と勧めれば「ク(食う)」と答えるということも言われる。これについて、筆者は最初、大いに脚色された話だと信じていた。しかし、以上のように東北人の話し振りを観察してみると、あながちウソとは言えない気がしてきた。むしろ、飾り気がなく単刀直入、相手の領域にもぐいっと入り込む東北的なものの言い方を、うまく象徴した話のように思える。

脅すか、甘やかすか

第2章で取り上げた大阪と宮城の朝の訪問場面は、挨拶の型の問題以外にも興味深い違いを見せている。すなわち、訪問先の相手の起床に触れる際、大阪では訪問者が先方の早起きを褒めるような言い方をしている。

女　アンサン　エライ　ハヨー　オヒナリヤシテンナー(お起きなさったんですね)。
男　エー、今　ヤットー　御飯　済マシタ　トコデ。
女　マダ　オ休ミカト　思テ　ヤシタ。(以下略)

「まだ寝ていると思ったのに、こんなにも早く起きたのですか、すごいですねえ」といった感じの話し振りである。しかし、実際に相手が早起きだったのかどうかはよくわからない。そのせいか、言われた方も、「今やっと朝飯を済ませたばかりですよ」と謙遜気味である。型にはまった多分に形式的なやりとりに見えるが、こうした相手をおだてる発言を行ったあとで、訪問者はようやく用件を切り出している。

これに対して、宮城の場合はまず開口一番、訪問先の相手の起床を確認することから会話が始まる。しかも、「今　起キタノカヤ」と追い打ちをかけるようなもの言いである。

男　起キタカー。
女　ハイ。
男　今　起キタノカヤ。
女　エヘー　ナンダェー　オンツァン　ハエーゴター。オレ　ハエート　思ッタラ、オンツァン　マダ　ハエーネー。
男　ナーンニャ　寝テランネーゼ　忙スクテヤ。

この「今　起キタノカヤ」は後ろに続く文脈を見るかぎり、相手への軽いけなしの気持ちが込められているとみてよい。「この忙しい時期にまだ寝ていたのか」とでも言いたげな雰囲気が漂っている。訪問者の目的は、田の草取りの手伝いを頼むことなのだが、この部分の非難めいたやりとりを見ると、とてもそのような頼み事にきた様子には見えない。

同じく相手の起床に触れるにも、片方はおだて、もう片方はけなす。こうした違いは、近畿と東北のものの言い方の一つの特徴かもしれない。

ところで、読者のみなさんは子守歌を聞いたことがあるだろうか。あの「ねんねんころりやおころりや」の子守歌である。実はこの子守歌の歌詞にも地域差が見られる。全国の子守歌を分析した椎名渉子によれば、子供を寝かせるための主要な表現として、「脅し表現」と「甘やかし表現」があるという。

このうち、「脅し表現」というのは、例えば、「寝ないとお化けに嚙ませるぞ」「泣くと長持ち背負わせるぞ」などといった歌詞であり、「甘やかし表現」というのは、例えば、「寝たら饅頭買ってやろう」「寝た子に赤い着物を着せてやろう」などといった歌詞である。同じく就寝を促すことが目的であっても、前者は言うことを聞かないとひどい目に遭うぞと脅す内容であり、後者は言うことを聞けばよいことをしてあげようと甘やかす内容である。

子供を従わせるための表現手段として、「脅し」と「甘やかし」はいわば対極に位置する。それでは、そのどちらが人間の本性に近い表現と言えようか。テレビドラマのおしんをご覧になった方はわかると思うが、奉公に上がった子守の仕事は重労働であった。辛い仕事であるから、泣く子が憎らしいのが当たり前である。その憎らしさをそのまま子供にぶつけるとすれば、脅し表現が選ばれるのが普通であろう。もし、甘やかし表現が選択されるとすれば、そこにはよほどの忍耐と、急がば回れの方略が隠されているに違いない。つまり、脅し表現は子守の心情にストレートに結び付いた直接的な表現手段であり、甘やかし表現は寝かせ手の本心を包み隠した遠回しな表現手段と言える。

さて、この二つの表現が地理的にどのような現れ方をするのか、椎名の研究からグラフを引用する。**図11**がそれである。

この図は、各地域の子守歌全体の中で、脅し表現・甘やかし表現を含む歌の割合がどれくらいあるかを示したものである。これを見ると、東北・関東および九州では両者の割合が拮抗する。一方、近畿を中心に中部から中国・四国にかけては、甘やかし表現をもつ歌の割合が高くなっている。もちろん、これらの地域でも脅し表現はそこそこ認められる。しかし、それよりも甘やかし表現を使い、子供の機嫌を取り、すかして寝かせようという傾向が強く現れている。
もっとも、これはあくまでも子守歌という口承文芸の話であり、実際の言語行動とは異なるのではないかという心配もある。この点は調査によらなければはっきりしない。しかし、子供を寝かせるときに親が口にする表現が子守歌の歌詞にも反映されるという見通しは、それほど不自然なものではない。つまり、現実の寝かせつけの場において、子供を脅す地域ではそのような歌詞が歌われる可能性があり、逆に、甘やかす地域ではそうした歌詞が好まれる傾向があると予想される。

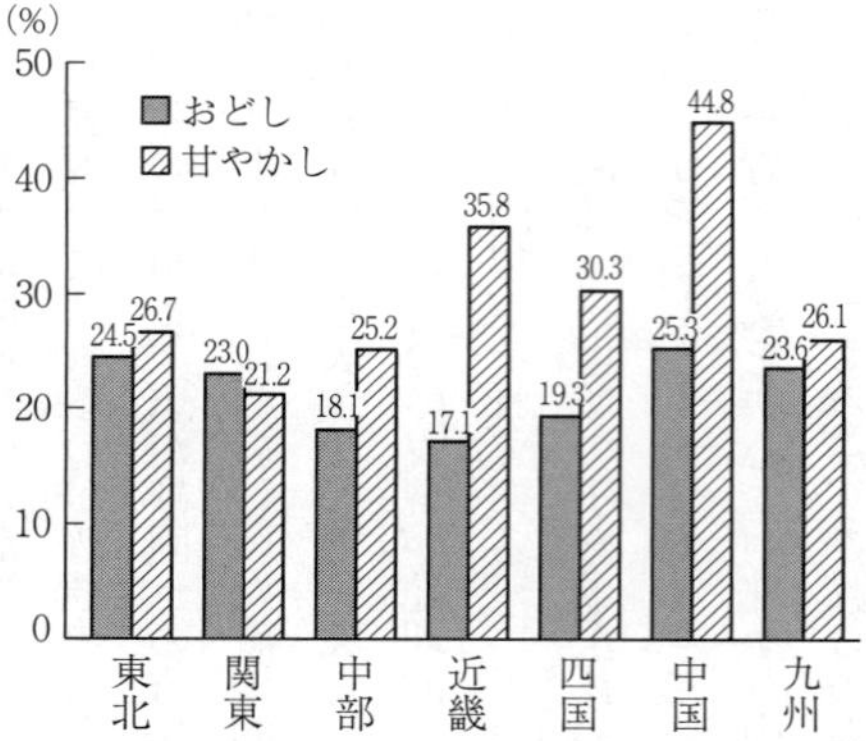

図 11　子守歌の脅し表現・甘やかし表現
（椎名渉子 2005 を改変）

本節の最初で、朝の訪問時のやりとりを例に、けなす東北とおだてる近畿の違いについて取り上げた。そして今、子守歌の歌詞を材料に、脅す東日本・九州と甘やかす西日本の差について述べた。「けなす・脅す」と「おだてる・甘やかす」、前者が話し手の本心を露わにし、それを表現に直接的に反映させるものだとすれば、後者はそうした本心を包み隠し、巧みな表現で偽装したものと言えるかもしれない。そのような同じ性格を持つ表現が、地理的にも似たような地域に現れる点は、興味深い対応として注目してよいだろう。

泣き方の描写

私たちが、何かを表現するときには、相手に何らかの働きかけを行おうとする場合と、ある事実をただ述べようという場合とがある。ここまで見てきた事例を振り返ると、まず、店に入る、子供を寝かせるといった場面では、目的や要求を伝える表現に焦点を当てた。また、道で出会う、訪問するといった場面では、質問をしたり評価を下したりする表現を問題にした。これらはいずれも、相手に何かを働きかける表現である。

それでは、何らかの事実を述べようとする場合はどうだろうか。やはり、直接的なものの言い方をする地域と、そうでない地域との違いが見られるだろうか。

ここでは、この問題をオノマトペの使用に注目して考えてみたい。オノマトペは音や状態を言葉で模して表現するものである。擬音語や擬態語などとも呼ばれる。「ドンドン」「ゴロゴロ」「キラキラ」などと具体例を挙げた方がわかってもらえるかもしれない。

このオノマトペは何のためにあるかといえば、それは物事をリアルに表現するためである。例えば、単に「夜空の星がまたたいている」と言うより、「夜空の星がキラキラとまたたいている」と言った方が、そのときの星の様子が目に浮かぶ。あるいは、「風が強く吹いた」を「風がゴウゴウと吹いた」と言い換えた方が、音まで聞こえてきそうな臨場感がある。すなわち、現実を再現するかのごとく、その音や状態を描写するのがオノマトペの役割と言える。

ここまで述べてくれば、このオノマトペの機能が、事実をどう述べるかという問題に深く関わることがわかるはずである。つまり、リアルな描写性がオノマトペの機能であるとしたら、オノマトペを使った表現は、物事を直接的に述べる表現であると言ってよい。もちろん、働きかけの表現における直接性とは意味が異なるが、そちらが人間の意志や心情をそのまま言葉にすることであるとすれば、こちらは現象の有り様をあるがままに言葉に写し出すことであり、そうしたある種の加工を廃した表現の共通性を、ここでは同じく「直接的」という用語で呼んでみたいのである。

さて、前置きが長くなった。まず、ちょっとした調査の失敗談を聞いていただこう。それは、「大声で泣く様子」のオノマトペを全国的に調べた際に起きたことである。

この調査は郵送によるアンケートで行ったので、質問文はなるべく簡潔にした。それが逆効果だったのか、各地からは、オノマトペ以外の回答が寄せられてしまった。「オンエオンエ」「グラグラ」「ワリワリ」などといった方言オノマトペを採取したいともくろんでいた筆者にとって、これは大きな誤算であった。

それでは、どんな回答が集まったかと言えば、特に多かったのは、東日本の「デカイコエデ泣く」や西日本の「ゴッツー泣く」「ドエロー泣く」「ヒドー泣く」といった副詞句による表現である。また、「大泣キスル」や「泣キワメク」のような動詞一語による表現もあった。

このように、オノマトペ以外の表現が回答された地点と、オノマトペが回答された地点を分けて示すと**図12**のようになる。この地図からは、かなりはっきりとした地域的傾向が浮かび上がっている。すなわち、オノマトペは全国的に回答されているものの、東日本に比べて西日本での勢力は弱い。逆に、オノマトペ以外の表現は西日本に濃く分布し、東日本には薄く見える。とりわけ、東北地方はオノマトペを使用する地点がほとんどであり、オノマトペ以外の表現は回答が極端に少ない。

こうした地域差に気付くことができたのは怪我の功名、この調査が、あながち失敗ではなかったことを意味するかもしれない。

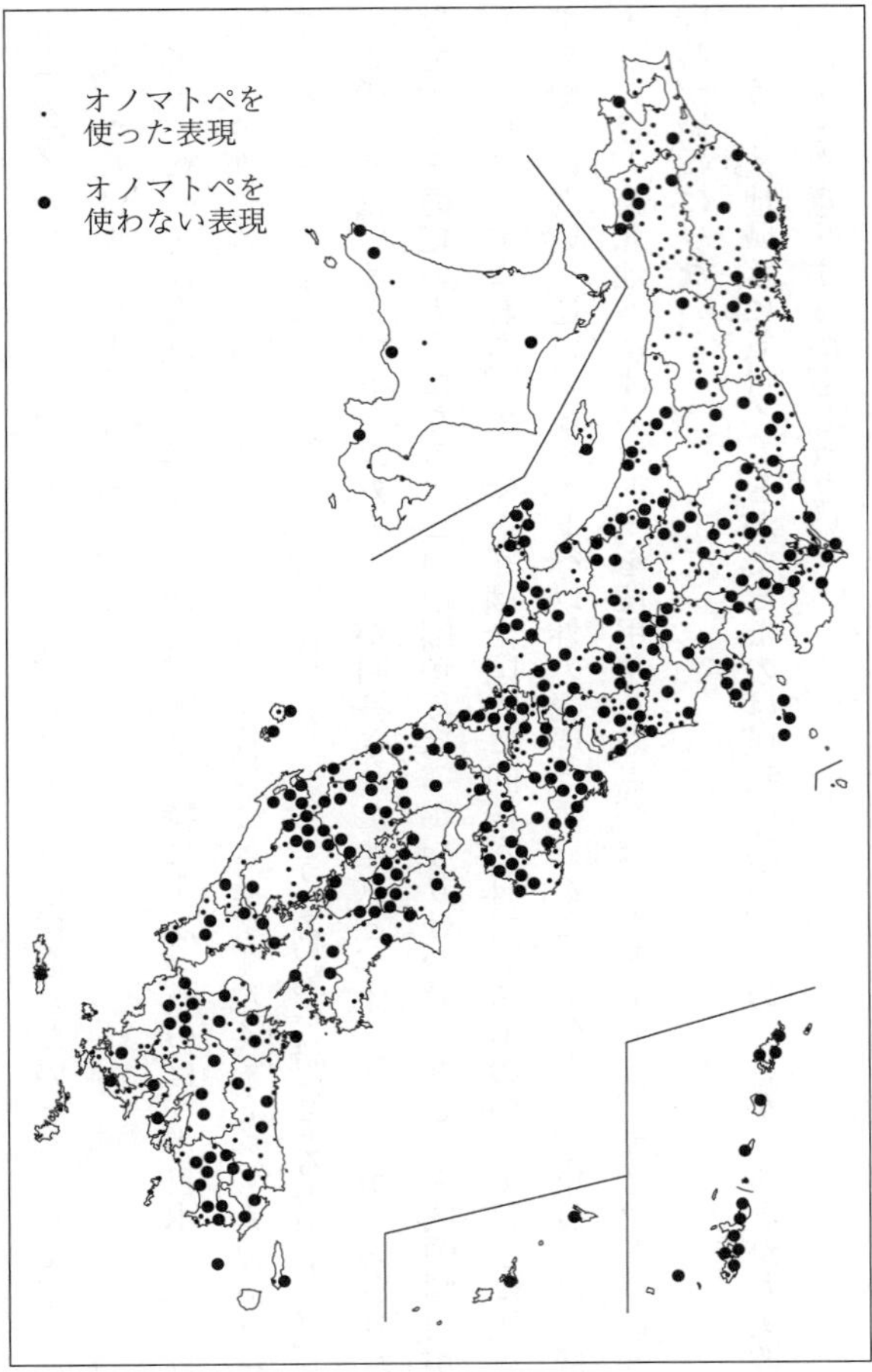

図 12　大声で泣く様子（小林隆 2010）

表現の現場性

すでに述べたように、オノマトペによる表現は状況をリアルに模写するものである。現場性が強く、話し手があたかもその場にいるかのごとく、見たり感じたりしたことをそのまま表現に反映させる手法であると言ってもよい。一方、副詞句や動詞による表現は、話し手が現象をいったん自分の中に取り込み、概念化したうえで言葉に表すものである。その点、現場性は弱く、その場から一歩引いた位置から表現する手法と言える。前者を直接的な表現と称してよいなら、後者は間接的な表現と言うこともできる。

こうした表現のあり方の違いに東西差が認められたのは興味深い。東日本、特に東北はオノマトペによる直接的な描写が盛んなのに対して、西日本は概念的な言語形式による間接的な叙述が得意だ、といった地域差として一般化できるかもしれない。もちろん、大声で泣く場面の例だけからそのように言うことは難しい。

しかし、ほかにも参考になる報告がある。例えば、全国の談話資料をもとにオノマトペの地域差について考察した三井はるみ・井上文子は、会話におけるオノマトペの使用頻度が東北地方でやや高いと指摘している。また、土井晩翠夫人の八枝が作った二つの方言集、『仙台の方言』と『土佐の方言』を比較した齋藤ゆいは、同じ作者の作品でありながら、前者に掲載されたオノマトペの数が後者の二倍にも上るという。

齋藤は、高知県奈半利《なはり》町と宮城県小牛田《こごた》町(現美里町)で実地調査も行っている。その結果、小牛田町の方が、生物(特に人)の動作や性格、あるいは、感覚・感情といった分野のオノマトペが豊富であると報告している。また、小牛田町のオノマトペは具体性が強く、「語形変化のアレンジ」によって、その場面にふさわしい語を生み出しているのではないか、とも述べている。

この観察は非常に重要である。たしかに、東北方言のオノマトペには似たかたちのものが多い。先ほどの『仙台の方言』を見ると、例えば、「のろらのろら這い出す」という用例のもとに、ノサラクサラ、ノララクララ、ノサラノサラ、ノララノララ、ノロラクララ、ノロラノロラ、という六つものオノマトペが掲げられている。その場の微妙な状況の違いに対応すべく、「語形のアレンジ」が縦横無尽になされていることがわかる。

また、竹田晃子が作成した『東北方言オノマトペ用例集』をめくると、例えば、岩手・宮城で「動悸の激しいさま」を表す「とかとか」の項には、ドカドカ、トガトガ、ドガドガ、トッカトッカ、ドッカドッカ、トカマカ、ドキラドキラなどといったおびただしい数のバリエーションが載る。例文を引用してみよう。

○すぃんぞーぁ　とかとかど　なった。（心臓がどきどきとなった）

○夜ながに　どがどがど　どーぎぁすて、すぬがど　思った。（夜中にどきどきと動悸がして、死ぬかと思った）

○なぁんだが、とかまかとかまかって、おがすぃ。（何だか、どきどきして、変だ）

（『東北方言オノマトペ用例集』七九頁）

共通語の訳はすべて「どきどき」の一語である。つまり、共通語なら「どきどき」で表す感覚を、その折々の症状に応じて表現し分けているように見える。オノマトペの七変化とでも言いたくなるような豊富なバリエーションは、清濁の調整や音の挿入・反復などの手法を駆使することで作り出されている。

こうした点に関して、先ほどの齋藤ゆいは、高知県奈半利町のオノマトペは宮城県小牛田町のオノマトペに比べて語形がほぼ固定されていると指摘する。これは、第2章で見た表現の型に関わる問題である。どうやら、オノマトペの分野においても、西日本ではしっかりとした型が存在するようである。それに対して、東北ではそのような型は曖昧にしか存在せず、ある程度自由にその場で変化を付けることができる。もちろん、基本となる型はあるはずだが、そうした型に従おうという意識は東北では弱く、その結果、状況の違いに応じた形態のバリエーションが豊富に生産されている。

東日本、特に東北では現場性重視の直接的な現象描写が好まれる傾向があり、それがオノマトペの使用に反映されている。また、より現実味のあるオノマトペの表現を実現すべく、豊富なバリエーションを比較的自由に生産するという特徴も有している。一方、西日本では、より概念化された間接的な表現が志向され、また型の意識も強いため、オノマトペの自由自在な使用は制限される傾向にある。

▼第4章のまとめ

本章では、直接的に言うか間接的に言うかという観点を取り上げた。相手に何かを働きかけるときに、自分の意志や心情、あるいは疑問などをストレートに表現するか、それともそうした露わな表現は避けようとするか。ぶっきらぼう／遠回し、アケスケ／ほのめかし、けなし／おだて、脅し／甘やかし、などといった対立軸でいくつかの事例を観察するかぎり、いずれも前者が東日本的・周辺的であり、後者が西日本的・中央的であった。

さらに、オノマトペの使用を通して現象描写のあり方についても検討したところ、現場性重視の直接的な表現が盛んな地域と、そうでない地域とが見えてきた。ここでも東（特に東北）と西の違いである。

これらの違いは、より抽象化すれば、ものの言い方の加工度の差とも言える。一方は、現実レベルのことがら、つまり、目や耳にしたこと、あるいは、思ったことや感じたことを、言葉のレベルの浅いところで処理し、いわば裸に近いかたちで表出する。もう一方は、それらを言葉のレベルの深いところに引き込んで意識化し、さまざまな表現の衣を着せて送り出す。そうした加工性の違いが、ものの言い方の地域差となって現れたと理解できる。

第５章　客観的に話すか主観的に話すか

喜びの表現「よかった」

嫁をもらうことになった家の人が、道で近所の人からお祝いの言葉をかけられたとする。それに対して、嫁をもらう家の人は何と言葉を返すか。

こんな場面の会話を分析した沖裕子は、喜びの表現に東西差が見えると述べる。つまり、結婚が決まった喜びをどう言い表すか、そこに地域差が現れるというのである。

例えば、山形県三川《みかわ》町では「オカゲサマデ　イガッタ」と答えるのに対して、大阪府泉南市では「モー　ウチゴロデ(家中で)喜ンデマスンヤヨ」と答える。あるいは、徳島県鳴門市では「イー嫁オ　モラウコトニ　ナリマシタ」と答えるといった違いである。

これらの返答の中の「イガッタ」「喜ンデマス」「イー嫁」の部分に注目し、沖は東と西の表現法の違いを次のようにまとめる。

東の方言は「ヨカッタ・イガッタ」と自分自身の感情を一人称述語で語るのに対して、西の方言は、「ヨロコンジョリマス」のような描写的な表現を用いたり、あるいは嫁そのものの特徴を「ヨイ」と表す描写文に託して自分自身の感情を表していく。すなわち、「東の方言」が吐露的であるのに対して、「西の方言」は描写的な談話運用をするという違いがみてとれそうである。

（沖裕子一九九三、五〇頁）

「吐露的」と「描写的」、この違いはなかなか興味深い。同じ喜びの感情を表すにも、自分の心の内をそのまま吐露するか、それとも、自分に起きている一種の状況として描写するか、といった違いとして理解できる。感情の赴くまま主観的に話すか、気持ちを抑えて客観的に語るか、そういう話し方の態度の違いと考えてもよいかもしれない。

こうした問題は、先の章で見た直接性・間接性、あるいは加工性・非加工性といった話題とも関わるものである。感情を隠さずストレートに表現すれば、それは直接的で非加工的な言い方ということにもなる。この章では、まず、そうした感情表出のあり方について考えてみる。

さらに、この章では感情表出に限らず、もっと広く主観・客観の観点からものの言い方をながめてみたい。例えば、相手に対して自分の考えをどこまで前面に押し出すか、話す主体である自分を突き放したような言い方は可能か、あるいは、自らの主観以外に何か別の説得道具を用意するか。本章ではそんな問題についても見ていくことにする。

驚きを隠さない地域

不祝儀の挨拶について第2章で話題にした。あらためてその会話を見ると、秋田の方は弔いを述べる側も受ける側も、互いの気持ちを前面に押し出してやりとりする印象を受ける。一方、大阪の方は終始落ち着いた話し振りである。

この点は朝の挨拶についても言える。大阪では淡々と会話が進行するのに対して、宮城ではやはり感情が表に現れたやりとりが行われる。会話の一部を再掲する。

男　今　起キタノカヤ。

女　エヘー　ナンダェー　オンツァン　ハエーゴター。オレ　ハエート　思ッタラ、オン

ツァン　マダ　ハエーネー。

男　ナーンニャ　寝テランネーゼ　忙スクテヤ。

女　ナーニ　ホンナニ　忙スィノ。

男　ナーニ　キサー(あんた)　百姓ダモノ　田ノ草取リ　一番ダベッチャヤ　今日日ダモン。(以下略)

(『全国方言資料1　東北・北海道編』一五六・一五七頁)

これがなぜ感情的な印象を受けるのかと言えば、その内容はもちろんのこと、言葉の上でも話者の気持ちを露わにする要素が豊富に使用されているからである。

例えば、「ハエーゴターー」という感嘆文がそれである。共通語では「お早いこと」に当たる言い方だが、東北では女性的で上品といった感覚はなく、男女ともに頻繁に使用する。また、「起キタノカヤ」「忙スクテヤ」「一番ダベッチャヤ」といった「ヤ」が使われているが、これは話し手が一方的に主張し、相手に押し付ける感じの終助詞(間投助詞)である。さらに、「寝テランネーゼ」「今日日ダモン」といった決め付けの終助詞「ゼ」「モン」も目につく。

そして、もう一つ注目すべきは、「エヘー」「ナンダェー」「ナーンニャ」「ナーニ」といった感動詞が頻出することである。感動詞はいわば感情が単語の形を借りたものである。したがって、感動詞が頻繁に用いられることは、その話し振りが主観的であることを物語る重要な指標となる。

この感動詞の使用について少し考えてみよう。みなさんは、人からお金を借りるときに、驚いて声を上げたりするだろうか。ちょっと唐突な質問をしたが、筆者が二〇一〇年に行ったアンケート調査では、実際そういうときに、驚きの声を発する人がいることが見えてきた。具体的には、次のような場面である。

隣町の商店で、お見舞い用の果物かごを買ったとします。代金を払おうと思ったところ、手持ちのお金が足りないことに気が付きました。そこで、一緒にいた近所の知り合いに、お金を借りようと思います。このとき、あなたなら、その知り合いにどんなふうに頼みますか。

このような質問に対して全国から寄せられた回答の中には、冒頭に「サーサ」「ヤイヤイ」「シモタ」などの感動詞が現れるものが目に付いた。手持ちのお金が不足していることに気付く。その瞬間の驚きを、まず声にして発しているのである。

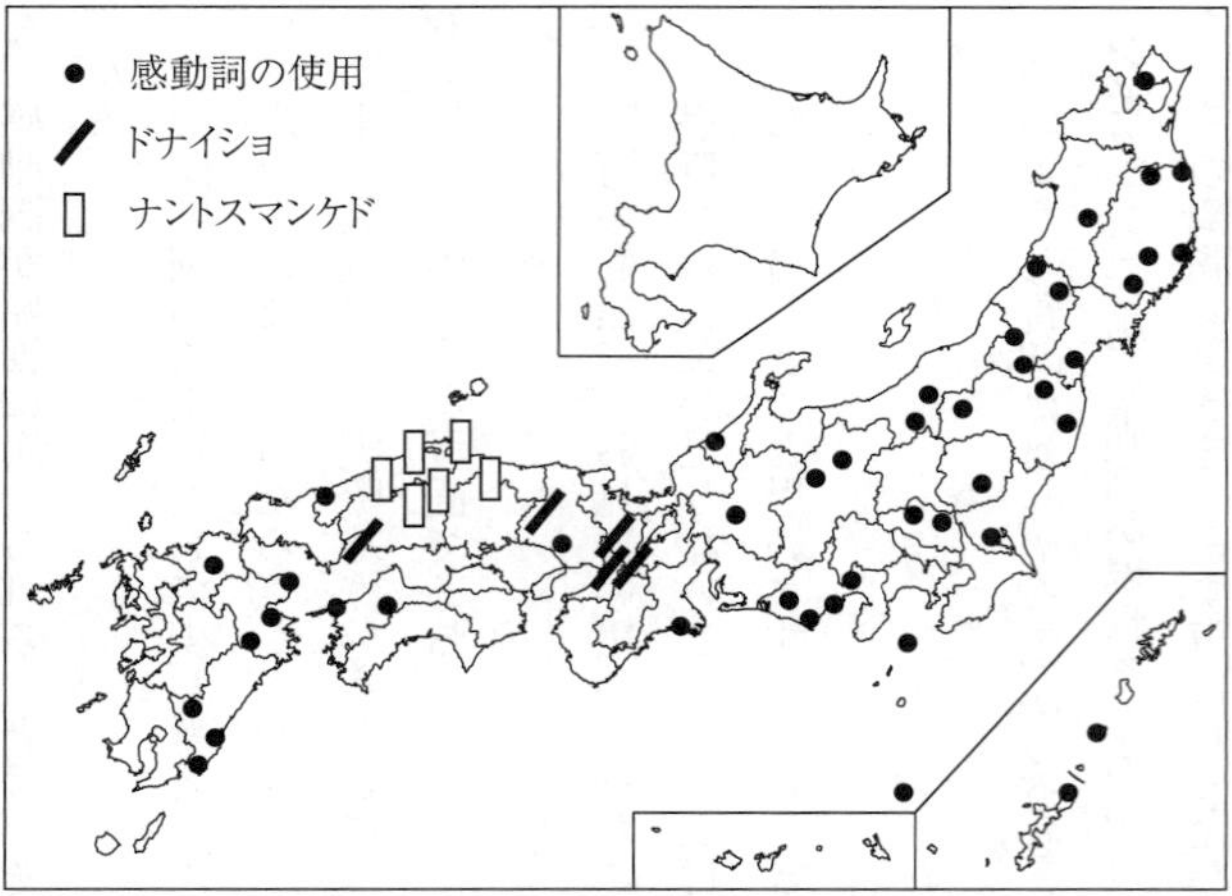

図 13　お金を借りる際の感動詞の使用

こうした感動詞が回答された地点を地図に描いてみたのが**図13**である。これを見ると、感動詞を回答した地点は東日本と九州に偏っており、その中間の近畿・中国・四国には少ないことがわかる。この場面は相手に頼み込む場面であるから、「貸してくれ」という依頼表現が用いられるのは当然である。実際、そうした依頼表現は、ほぼすべての調査地点で回答された。ところが、それに加えて、お金が足りないことに気が付いた驚きを、開口一番、感動詞で表現する地域が日本の東西に認められるのである。

この調査の場面は、依頼の相手がすぐ側にいる状況である。したがって、話者は相手に聞こえるように感動詞を発している。つまり、自分の驚きを相手へのメッセージとして伝えているわけである。このメッセージが、単に相手の注目を喚起することなのか、それとも、お金を借りるという目的の達成に関わることなのかは、これだけではわからない。ただ、このような状況下では、まず主観的な驚きの声を上げてみせることが重要である、という地域がありそうなことは確かである。

あらためて図13を見ていただきたい。そこには「ドナイショ」と「ナントスマンケド」という二つの言い方についても示しておいた。このうち、「ドナイショ」は「どうしよう」に当たる言い方で、近畿地方を中心に分布する。「ナントスマンケド」の方は中国地方に現れるが、「なんとまあ」のような感動詞が恐縮表現の「すまない」と結合したものであろう。いずれも慣用句的な表現である。これらも心情的な表現であることは間違いなく、その点、感動詞に準ずるものと言ってよい。しかし、パターン化された言い回しであるだけに、東西の感動詞的なものに比べると瞬発力や即興性に欠けている。すでに話題にした「型」の問題や直接性の問題とも関わるが、感情がコントロールされていて、言うべくして言っているという感じがしてしまうのである。

そこへいくと、感動詞を使用する地域の中でも、東北のものは驚きの感情がほとばしるような雰囲気がある。実例を見ていただこう。

ヤーヤ、見舞ニ　来テ　果物　買ッタキャ、銭コァ　足イネジャァ。スマネタッテ　貸シテケロジャ。

（青森県むつ市脇野沢本村）

アリャー、コイズ　ハ　買ウベト　思ッタッキャ、オ金　足ンネァヤ。ワリケントモ、スコスバリ　オ金　貸ステケネァベガ。

（岩手県一関市大東町）

バッ、銭ッコ　アッタド　思ッタラバ　ネェァガ　マズ。貸シテケロヤ。アドデヤルガラ。悪ィナァ。

（岩手県陸前高田市竹駒町）

アラ　サイサイ、足リナガッタカラ、ペッコ　スケデケデ。

（岩手県釜石市箱崎町）

イヤー　マンズ、銭ッコ　足リナカッタス。申シワケネンドモ、千円　貸シテケネスカ。

（岩手県二戸市福岡）

ササ、オ金　足ンニェ。ワリゲンデモ、ウチニ　行ッタラ　返スガラ、オ金　貸シトゴヤエ。

（山形県東置賜郡川西町大字玉庭）

アラヤ、オ金　足ンネ。オメヤ、モッケダンデモ　借シテクレ。

（山形県飽海郡遊佐町宮田字福田）

アラララ、金　持ッテキタド　思ッタドコ、足ンニワイ。ワリーゲンチョモ、アンダ貸シテクンニィガ。

（福島県福島市大森字本町裏）

こうした臨場感溢れる感動詞の使用は、他の地域ではあまり見られない。また、右のようにバリエーションが豊富な点も東北の特色であり、九州など西日本が「しまった」系の感動詞に固定化される傾向があるのとは異なっている。

共感の強要

主観的か客観的かといった特徴は、感動詞のような要素的な単位だけでなく、談話といった大きな枠組みの中にも観察される。ここでは、談話展開の方法、すなわち、人との会話をどのように進めていくかという点について見てみよう。

この分野では、久木田恵の研究が先駆的である。久木田は東京方言と関西方言の談話を比較し、両者の展開のしかたに違いのあることを指摘した。すなわち、状況説明の際に東京方言は主観的な文を交えて話を進めるのに対して、関西方言は客観的な説明が多く、順接の接続詞によって話を展開していくという。ここから、東京方言を「主観直情型」、関西方言を「客観説明累加型」とも呼んでいる。

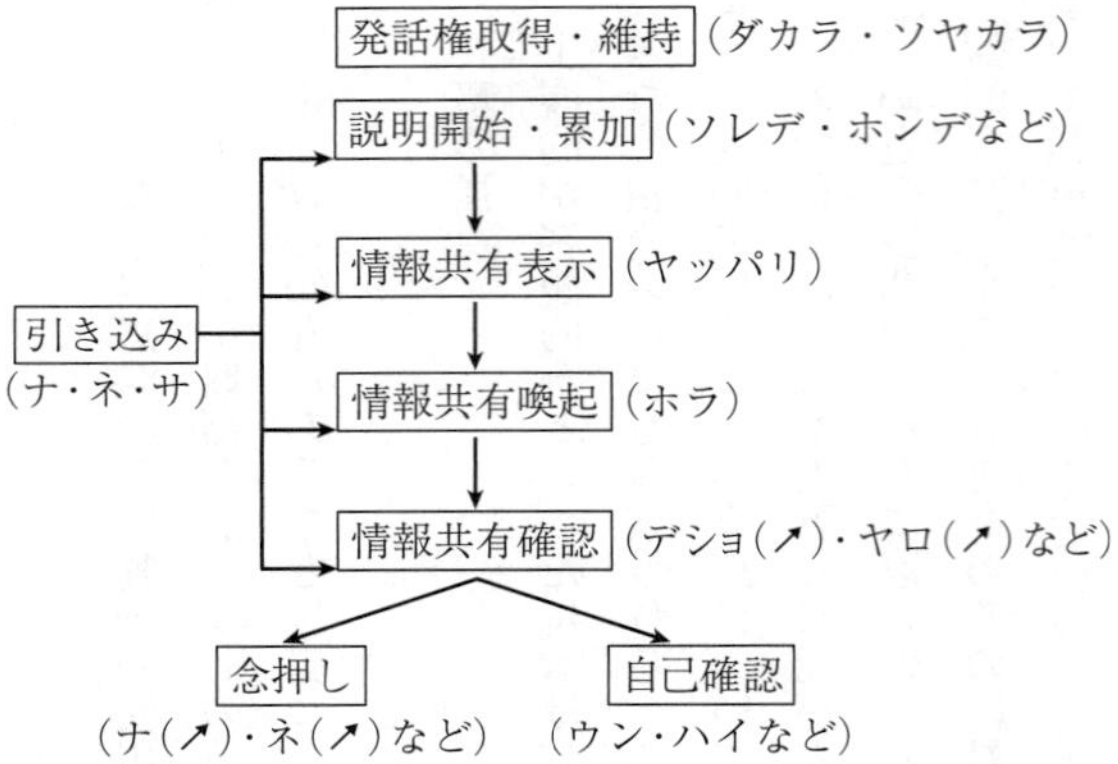

図14　説明的場面における談話標識の枠組み(琴鍾愛2005を改変)

こうした研究を踏まえて、計量的な見地から論を展開したのが琴鍾愛《クムジョンエ》である。琴は特に談話標識と呼ばれる要素、つまり、接続詞や間投助詞、終助詞、副詞といったものに注目し、それらの使われ方から談話展開の方法を分析した。琴が対象としたのは説明的場面の談話だが、まず、そこに現れた談話標識を役割によって分類すると、**図14**のようになる。( )内には代表形を挙げてあり、矢印は文中での出現順序を表す。

そして、これらの談話標識が、仙台、東京、大阪の談話でどの程度現れるかを数量化した。それが**図15**である。グラフは比較がしやすいように東京の数値を1とし、それに対する仙台と大阪の割合が示してある。

これを見ると、仙台方言は、「情報共有表示(ヤッ

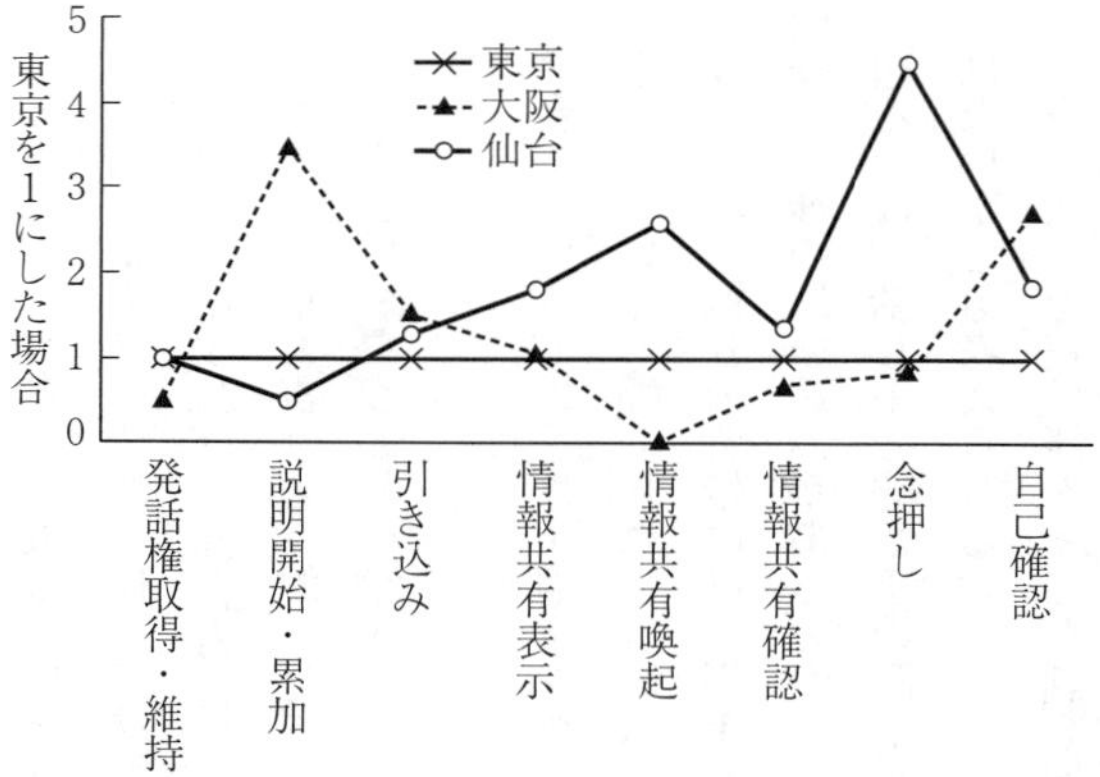

図 15　談話標識の出現頻度から見た 3 方言(琴鍾愛 2005 を改変)

パリ)」「情報共有喚起(ホラ)」「情報共有確認(デショ)」「念押し(ネ)」といった形式の使用頻度が他の方言よりも高く、「発話権取得・維持(ダカラ)」の使用も大阪方言より多いことがわかる。一方、大阪方言は、「自己確認(ウン・ハイ)」の形式をよく使い、「説明開始・累加(ホンデ・ソシタラ)」の割合も他方言に抜きん出ている。

こうした結果から、各方言はどのように特徴付けられるのか、ここは琴の結論をそのまま引用してみよう。

> 仙台方言と大阪方言とは、それぞれ対照的なひとつの典型として把握できるかもしれない。すなわち、仙台方言は自分が発話権を持つことをアピールし、情報共有を積極的に働きかけてい

く方言であり、ひとことで言えば、自分の話を相手にわからせようと努力する方言であると言える。一方、大阪方言はそうした相手に対する働きかけは消極的であり、話の進行を単純にマークしつつ、自分で納得することに主眼を置く方言であると考えられる。あえて簡潔に表現すれば、仙台方言は「他者説得型」、大阪方言は「自己納得型」と言えるであろう。東京方言は総合的に見て、両者の間に位置するが、仙台方言により近い面をもっていると判断することができる。

（琴鍾愛二〇〇五、一四・一五頁）

仙台方言では、相手に主導権を渡さず、「ヤッパリ」「ホラ」「デショ」「ネ！」と自分の側に引き込んでいく。聞く人によっては、押し付けがましさを感じてしまう話し振りとも言える。こうした話し振りの背景には、相手も自分と同じ知識や考え・感情をもっているはずだという前提、一種の思い込みがあるのかもしれない。共感の強要という主観的なものの言い方がまかり通るのは、話し手と聞き手の距離感の近さ、つまり、社会的基盤の共通性が関係しているのではないかとも考えられる。

一方、大阪方言は淡々とした話し振りである。よく、大阪弁というと、あくの強いイメージがつきまとうが、意外にも相手への働きかけは消極的であるようだ。もちろん、久木田も琴も対象としたのは説明的な場面であり、もっと違う場面を取り上げれば異なった特徴が浮かび上がる可能性はある。しかし、自分の話を相手に押し付けることもなく、一定の距離感を保ちながら説明を加えていく話し振りが、大阪方言の一つの特徴として浮かび上がったのは興味深い。

さらに、東京方言はこの両方言の間に位置し、やや仙台方言に近いという。この点もものの言い方における東西の違いや、近畿・東京の共通性を考える重要な手がかりとなりそうだ。

自己と話し手の分化

尾上圭介の『大阪ことば学』に「当事者離れ」という話術のことが載っている。その代表的な表現が「ヨー言ワンワ」である。例えばこんなふうに使われる。


「君、結婚したんやてなあ。おめでとう」

「いや、ありがとう」

「ところで、君、ポケットに大きなふろしきを入れて、何のつもりや」

「今日、あんたに会うから、結婚祝いの置き時計かなんかくれるやろ思て、それをこのふろしきで包んで帰るねん」

「よう言わんわ」

（『大阪ことば学』八六頁）

この「ヨー言ワンワ」は不可能の表現であり、「あきれて、私は何も言えないよ」というような意味であるという。「ばかやろう」とか「何冗談言ってんだ」などと感情的な反応を返すのではなく、その場の状況のばかばかしさを、遠巻きに眺めている雰囲気が漂う。このような「事件の当事者としてではなく、状況の外に立つ第三者として事態のおかしさを味わおうとする姿勢」が「当事者離れ」の手法である。

当事者離れの手法は、相手へツッコむときだけでなく、自分自身のまぬけな行為に対してもとられる。

「福知山線の××から福島まで、二枚。あさって乗りますねん」
「今日しかあきまへんで」
「ほんでも、距離によって、三日間有効とか、四日間有効とか……」
「いや、今日売ったのは今日しか乗れまへんで。大阪の福島でっしゃろ」
「いえ、福島県の福島」

「なんや、福島県の福島でっか。えらいちがいや、はっはっはっ……」

（『大阪ことば学』九四頁）

この場合は、自分の誤解を、あたかも他人事のように笑い飛ばしている。先の例も含めて、これらはいずれも話者たちがお互いに笑い合うような場面である。さんざん冗談を言い合ったあとで、「ほんま、話やわ」（**図16**）などとしめくくるのも同様の手法であろう。

ただ、当事者離れの手法は、そうしたときだけでなく、人に頼み事をするような場面でも使

図16　益田ミリ『大阪人の胸のうち』（光文社「知恵の森文庫」）

われる。例えば、なかなか許してくれない相手に向かって「そない言わんと、まあ、堪忍したって」と頼む。あるいは、満員のバスの中で人を掻き分けながら「ちょっと降ろしたって」と声をかける。このように、自分のことなのに、まるで第三者の誰かを許してやってくれ、降ろしてやってくれ、と言っているような口の利き方は、尾上によれば、「頼む自分と頼まれる相手とが百八十度向き合ってしまうのを避けたいという感覚のなせる技」なのだという。

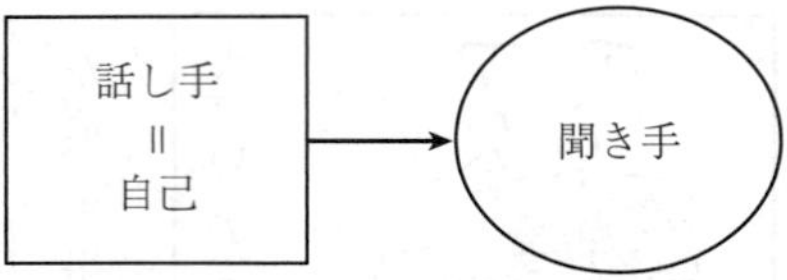

図 17　自己と話し手の一体化

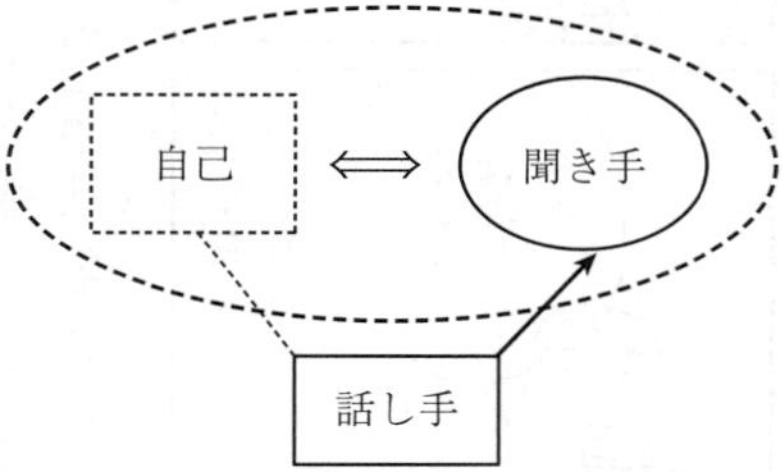

図 18　自己と話し手の分化

　こうした当事者離れの手法は、話す自分を本来の自分から分離させることだとも言える。つまり、**図17**のように、普通は本来の自分(自己)と話す自分(話し手)とは一体化している。自己である話し手が聞き手に話しかける。ところが、当事者離れでは、**図18**のように自己と話し手を分化させ、話し手が現場の外から聞き手に話しかけるというかっこうをとる。「ちょっと降ろしたって」と言う場合、自己は話し手によって外から観察される存在であり、あたかも第三者のような扱いを受けることになる。「よう言わんわ」「えらいちがいや」の場合には、話し手は聞き手が属する現場を抜け出して、そこで起きている事態を外から論評する感じになる。このとき、聞き手も話し手と一緒に現場を抜け出せば、その現場を見ながら互いにあきれて笑い合う構図になる。

自己と話し手の分化は、本来主観的な存在である自己とは別に、客観的な存在としての話し手を設ける操作でもある。現場の真っただ中にいる自分から離れ、語り手としての位置から自分を含めた現場を眺める。これは、絶対的な自己を相対化することであり、主観から客観への視点の移動でもあると言える。

主観の視点を瞬時に客観に切り替える。これはなかなか高度な手法である。こうした手の込んだ操作を大阪人はいとも簡単に行っていることになる。一方、このような複雑なものの言い方は、他の地方の人、特に東北人は苦手なのではないかと想像する。

証拠好き

ときどき本書に登場してもらっている谷崎潤一郎は、次のような言葉も残している。

此の間或る新聞に某百貨店員の談話として、東京の婦人連はレヂスターの請け取り票を目もくれないでその場に捨てゝ行くが、大阪の婦人連は十中の八九まで大切に持つて帰る、と云ふ記事が出てゐたのは、恐らく間違ひのない事実であらう。

（「私の見た大阪及び大阪人」『谷崎潤一郎全集』二〇、三七六頁）

この部分、東京と大阪の金銭感覚の違いを話題にしている箇所だが、今で言うレシートの扱いに東西差が見られるのはおもしろい。一種の書類の保管に関する話であり、広い意味での言語生活のテーマになるかもしれない。

ところで、このことと多少関連がありそうな言葉の調査が国立国語研究所によって行われている。すなわち、釣り銭を間違えた店員に対して確認を要求する場合、どのような言い方をするかという調査である。その結果を分析した熊谷智子・篠崎晃一によれば、店員に対して「レシート　コレナンデスケド」「何度モ確カメマシタガ」のように、確実性を担保する表現を使用する傾向が、仙台・東京・熊本に比べて京都でやや強いという結果が出ている。自分の要求の正当性を言葉で補強する言い方が、近畿で好まれているのかもしれない。谷崎が指摘したレシートをむやみに捨てないという習慣は、こうした言語行動を可能にする背景として理解することができる。

物事を主張する際に証拠を提示する。これは客観的なものの言い方にとって極めて重要な手段であると言える。こうした点の地域差についてはまだほとんどわかっていないが、もう一つ、関連した事例について見てみよう。

先ほど、お金を借りる際の表現についての調査を紹介した。品物を買ったものの手持ちのお金が足りないことに気付き、一緒にいた知り合いから借りるという場面である。このとき、借り手が自分の財布に言及する表現が見られた。すなわち、お金が足りない状況を説明する際に、何らかのかたちで財布に触れる表現が回答されたのである。

具体的には、「財布を忘れた」「財布の中身を確かめなかった」「財布にお金があると思った」などといった表現であるが、なかには「財布を開けてみたらお金が足りなかった」のように、今、その場で財布の中味を確認したと述べる表現も目についた。

こうした財布がらみの表現が回答された地点を地図化すると、**図19**のようになる。何らかのかたちで財布に触れる表現は各地から回答されているものの、東北や九州・沖縄など日本の周辺部には弱いように見える。そして、現場で財布を確認したと述べる地点は、近畿から中国に

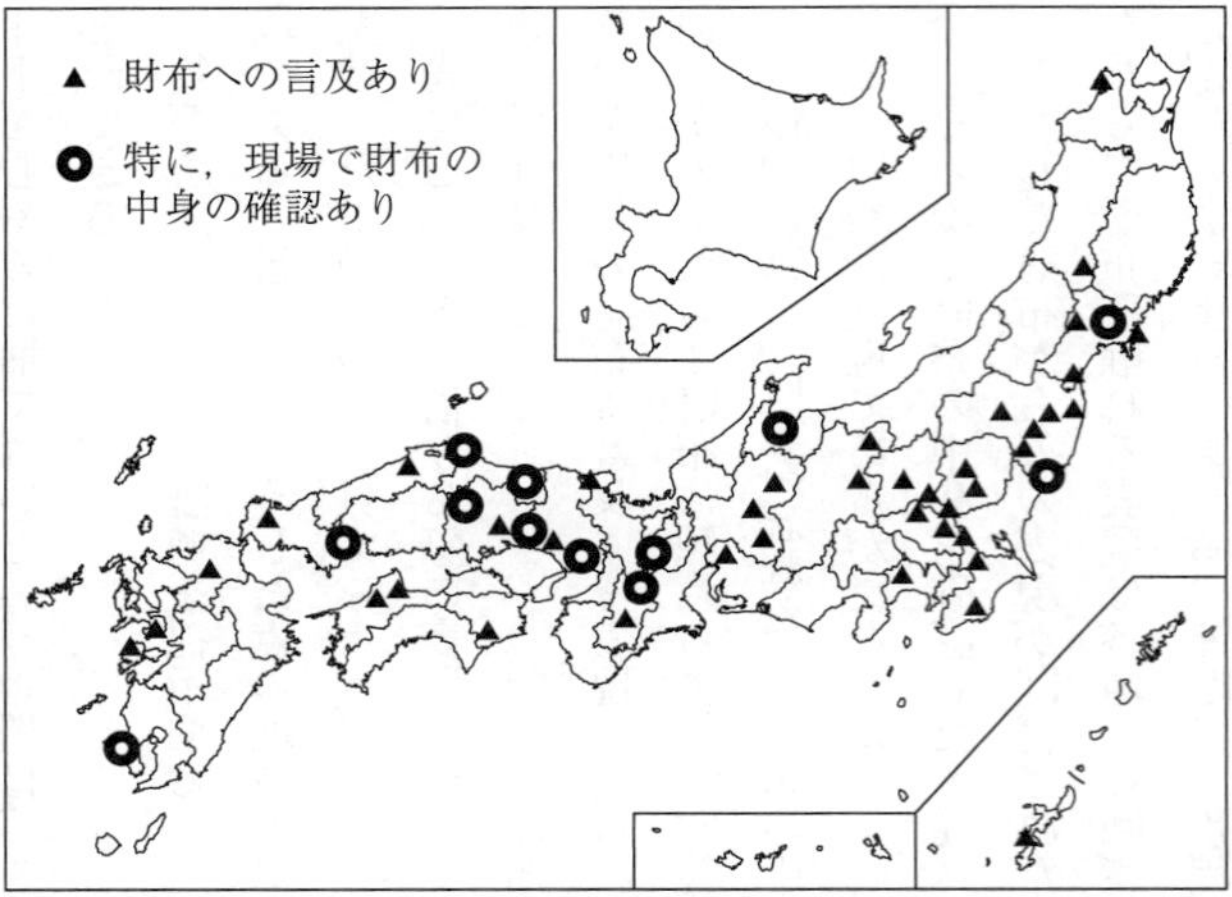

図19　お金を借りる際の財布への言及

かけての地域に固まって現れる。

この場合、実際に財布を開けて中を相手に見せるわけではなかろう。しかし、財布を話題に持ちだすこと自体、自分の主張に客観性を与えることに効果がある。とりわけ、「今、この場で財布を開いてみた」と述べることは話の真実味を増し、現実にお金が足りないことを相手に納得してもらうのに大いに役立つに違いない。そうした手法が日本の中央寄りの地域、特に近畿や中国に多く見られることは注目すべきである。

なお、ここで取り上げた二つの事例はいずれも金銭に関わるものであり、しかも相手に要求する場面である。これが、金銭以外のことがらや交渉以外の場合にも、同じように証拠提示の地域差が現れるだろうか。おそらく、その可能性は十分あるものと思われる。

これに関して尾上圭介が、「東京を含む日本人の大部分が情緒、雰囲気、あるいは勢いで動く傾向をもっているのに対し、大阪の人はどちらかと言えば合理性で動く」と述べているのは興味深い。積極的に証拠に言及するものの言い方は、より大きな視点ではこの「合理性」ということと関係する。尾上はまた、大阪方言は「理づめ」だとも言う。「合理性」にせよ「理づめ」にせよ、大阪方言のそうした志向は、主観に流されない客観性追求の一つの現れと見てよいだろう。

▼第５章のまとめ

本章では、広い意味での主観・客観に関わるものの言い方について見てきた。喜びの感情を吐露するか描写するかといった地域差から入り、いくつかの話題を取り上げた。

まず、話し手が自分の驚きを積極的に表現する地域のあることを指摘した。また、相手に自分との共感を強要するかのように話す地域と、そのような押し付けがましさを表に出さない地域のあることも見た。さらに、話し手と自己の分化が可能で、表現の主観性を消し去る術を身に付けている地域が存在することも述べた。そしてもう一つ、自分の主張に客観性を付与するために、話の中に証拠を持ちだす地域があることにも言及した。

これらを総じて地域性の角度から眺めるならば、主観性の強いものの言い方は東日本と九州以南に見られ、とりわけ東北に顕著である。一方、客観的なものの言い方は西日本、なかでも近畿において著しく発達している。東北方言と近畿方言とは、この点でもきわめて対照的な位置にあると言える。

第6章　言葉で相手を気遣うかどうか

敬語システムの地域差

気遣いと言えば敬語である。この敬語にももちろん地域差はある。具体的な形式の違いはひとまず置いて、大まかなシステムの違いを見てみよう。加藤正信による図20をご覧いただきたい。凡例のうち、「他者尊敬表現」はいわゆる尊敬語・謙譲語の類、「丁寧表現」は丁寧語の類を指す。「身内尊敬表現」は聞きなれない用語かもしれないが、身内に対しても、父母や祖父母など目上の存在には敬語を使うものである。一般に、身内尊敬表現をもつ方言は他者尊敬表現ももち、他者尊敬表現をもつ方言は丁寧表現ももつので、凡例の順に上から下へ、敬語システムが複雑から単純へと向かっていると見てよい。

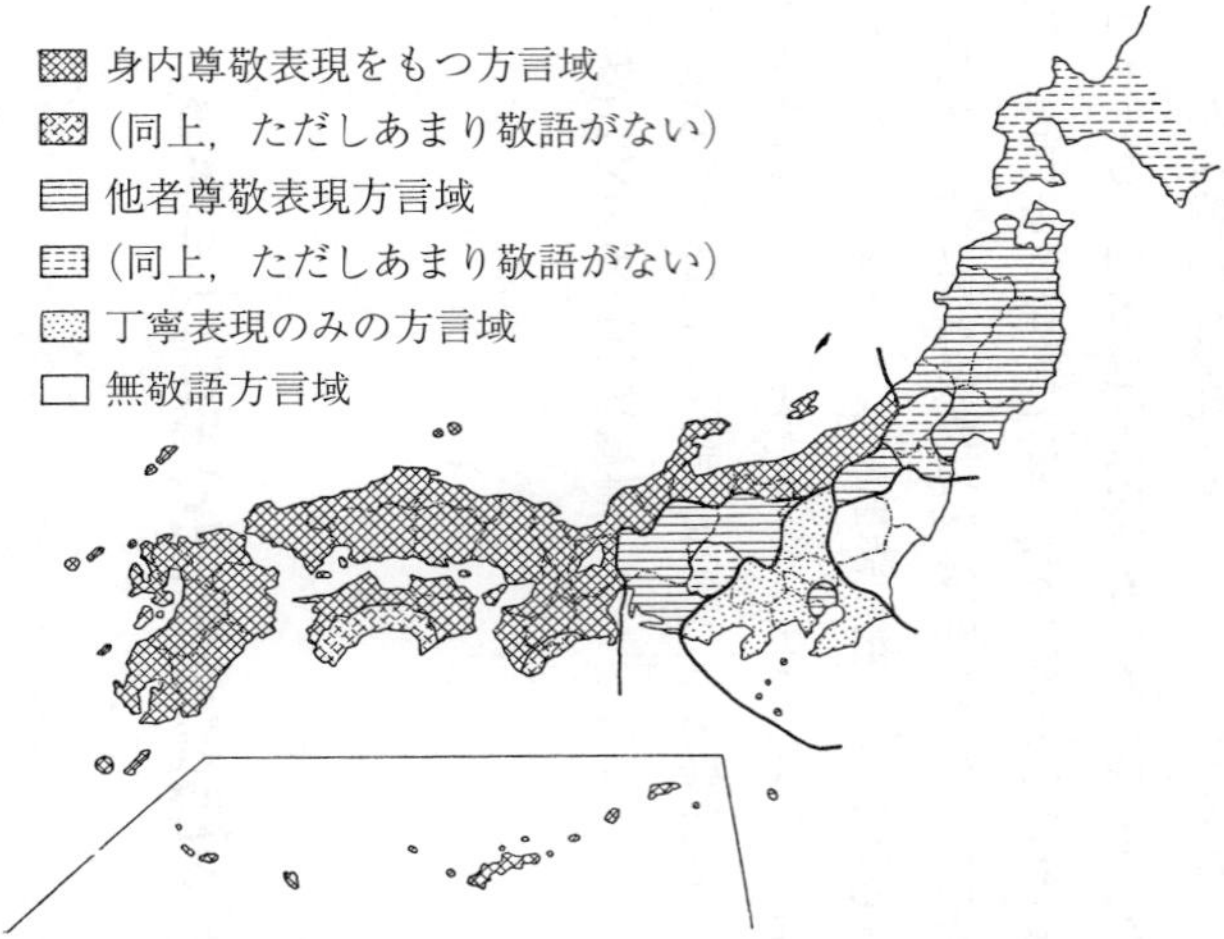

図20　敬語システムの地域差（加藤正信 1977）

この図によれば、身内尊敬表現をもち敬語システムが発達しているのは西日本であり、東日本との違いが浮かび上がっている。東日本の中では、丁寧表現しかない方言や、敬語自体をあまり使わない方言が、関東とその周辺に存在することがわかる。共通語の基盤である東京方言は、図のとおり「他者尊敬表現方言域」に属している。しかし、その周囲にはもっと単純なシステムの地域があり、逆に西日本にはより複雑なシステムの地域が展開している。敬意を言葉に表すにも、日本列島にはこれだけの地域差が見られるのである。

ぞんざいな頼み方

今、いわゆる「敬語」の地域差を概観した。しかし、敬語だけが気遣いを表すわけではない。尊敬語・謙譲語・丁寧語といった狭い意味での敬語以外にも、他者への気遣いを表現する方法はいろいろある。近年、取り組まれている配慮表現やポライトネスといった研究分野は、もっと広い視野から他者への気遣いと言葉の関係を考えようとしている。以下では、そうした立場から方言の世界をのぞいてみることにする。

最初に、お金を借りるときの言い方について見てみよう。前の章で取り上げた、買い物の際に近所の知り合いにお金を借りるという場面である。同じ資料について、今度は依頼の意味を担う形式に注目してみる。今、敬語的要素や肯定・否定の違い（「貸してくれるか」対「貸してくれないか」）を考慮せずに分類してみると、回答された形式は「貸せ」類、「貸してくれ」類、「貸してくれるか」類、「貸してもらえるか」類という四つのグループに分けられる。

これら四つの形式の与える印象は、この順番にぞんざいから丁寧に並んでいるということである。つまり、「貸せ」＞「貸してくれ」＞「貸してくれるか」＞「貸してもらえるか」という順序である。「貸せ」はさすがにぞんざいさが際立つ。「貸してもらえるか」がこの中では一番丁寧な言い方だろう。その二つの間に「貸してくれ」と「貸してくれるか」が位置するが、前者より後者の方がへりくだった感じがする。

表4　要求形式における配慮の要素

形式＼配慮の観点	受益性	文タイプ	主　体	要素の数
「貸せ」類	非明示	要　求	相　手	0
「貸してくれ」類	明　示	要　求	相　手	1
「貸してくれるか」類	明　示	質　問	相　手	2
「貸してもらえるか」類	明　示	質　問	自　分	3

この印象をもう少し分析的にとらえてみよう。ここでは、「受益性」「文タイプ」「主体」という三つの観点を用意してみる。

一つ目の観点「受益性」とは、「くれる」「もらう」という授受動詞を使って自分が利益を受けることを明示するか否かということである。これは当然、明示する方が丁寧である。二つ目の観点「文タイプ」は、要求文を使うか質問文を使うかということである。この場合は、お金を貸すよう要求するより、貸与の意向を質問する方が配慮性が強い。三つ目の「主体」とは、簡単に言えば主語が誰かということである。これについては、相手を主語にして、その行為に直接言及するよりも、自分を主語にして、自分に起こる事態の可能性として述べる方が、気遣いが行き届いていると考えられる。

このような見方で右の四つの形式を整理すると、**表4**のようになる。網掛け部分が配慮を表す要素である。表の右端には、それらの配慮の要素が各形式にいくつ含まれるかも記しておいた。

これを見ると、配慮の要素がまったく認められないのが「貸せ」類であることがわかる。逆に、「貸してもらえるか」類は配慮の要素が三つすべて揃っており、この中では最も配慮性の強い形式である。そして、「貸してくれ」類と「貸してくれるか」類は、それぞれ配慮の要素が一つ、二つであり、「貸せ」類と「貸してもらえるか」類の中間に位置する。おそらくこうした特徴の異なりが、丁寧さの印象の違いとなって現れている。

それでは、これらの形式の地域差はどうだろうか。まず、「貸せ」類はそもそも回答地点が少なく、現れるのは日本の周辺地域に限られる。次に、「貸してくれ」類は各地から報告があるが、特に目立つのは東北、そして九州西部・沖縄である。また、「貸してくれるか」類も「貸してくれ」類と同様に全国的な広がりを見せるものの、東北と九州西部・沖縄に弱い。そして、「貸してもらえるか」類が日本の最も中心寄りの地域、つまり、関東から中国にかけて多く使用される。以上、大まかに見て、日本の周辺部から中央部に向けて、「貸せ」＞「貸してくれ」＞「貸してくれるか」＞「貸してもらえるか」という順序に並ぶのである。

さて、おわかりのとおり、この配列の順序は、右で見た各要求形式の配慮性のランクときれいに対応する。すなわち、日本の周辺部(東北と九州西部・沖縄)は配慮性の弱い言い方が使われやすく、逆に、中央部(関東から中国にかけて)は配慮性の強い言い方が用いられやすい。気遣いをいかに表現するかという地域差は、狭い意味での敬語以外の面からも読みとれることがわかる。

恩恵の偽装

お金を借りるときに、「貸してもらえるか」と聞く。そこで「もらう」を使うのは、自分が恩恵を受ける場合であるから特に不思議はない。しかし、相手に何かをしてあげるときにまで「もらう」を使うことはどうだろうか。

例えば、連れの荷物を持つという状況を想像してみてほしい。相手は、同じ地域に住む目上の人だとする。「その荷物は私が持ちましょう」と非常に丁寧に申し出る。そういった場面について調査された結果が『方言文法全国地図6』三二〇図に出ている。この地図についてはすでに沖裕子の分析があり、ここでは沖が注目した「持たせてもらう」「持ってあげる」といった表現を取り上げてみよう。

図21を見ていただきたい。原図は回答の種類がおびただしい数にのぼるので、ここでは「やる」「もらう」といった授受表現に注目し、簡略化して描き直してみた。

この図によれば、まず、線記号で示した授受表現を使わない地点が全国に見られる。その中でも、東北と九州・沖縄といった日本の周辺部や東西方言の境界地域には「持つ」が分布する。

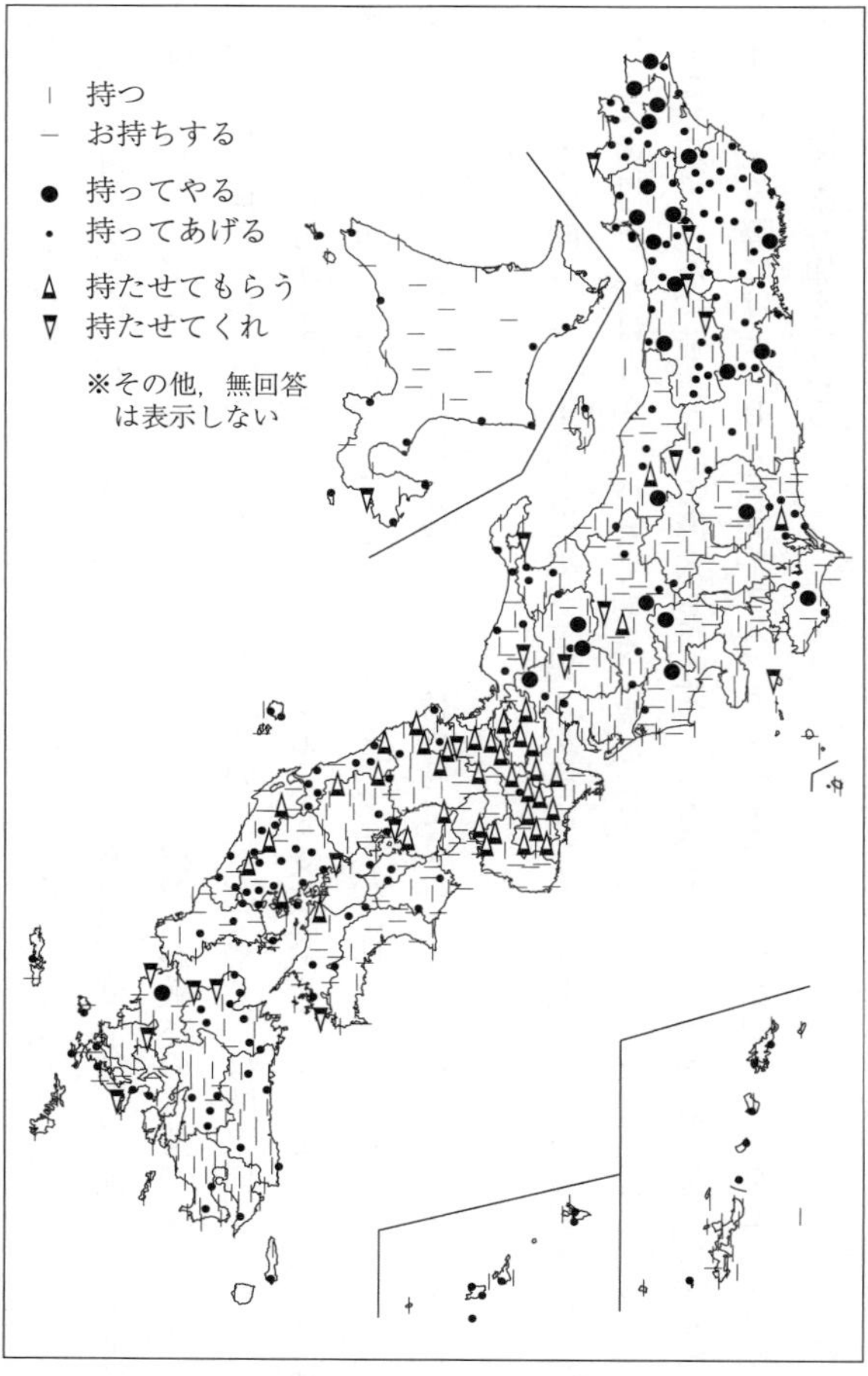

図 21　相手の荷物を持つ場合の申し出表現(『方言文法全国地図 6』320 図を簡略化)

また、関東や近畿・中国・四国では「お持ちする」が優勢である。もちろん、「持つ」より「お持ちする」の方が相手に敬意を払う表現であることは言うまでもない。

次に、自分が相手に利益を与えることを示す授益表現の領域(丸記号の地点)が東北に展開し、中国や九州の一部などにも存在する。それらの多くの地点が敬体の「持ってあげる」であるが、東北では常体の「持ってやる」も見られる。この「持ってやる」は関東周辺部にも点在する。

最後に、自分が相手から利益を受けることを示す受益表現を使う地点(三角記号の地点)が近畿を中心に分布し、その周囲にも点在する。その多くが「持たせてもらう」という話し手が主体となる表現である。相手が主体となる「持たせてくれ」を使う地点は、東北や九州に見られるが少ない。

さて、全体的に見て、東北と近畿の特異さが目につく。東北では、授益表現を用い、しかも、「持ってあげる」ではなく、「持ってやる」(実際にはモッテヤッカラ、モッテケルスケ、モッテケラネなど)のような、敬語なしの形式も目立つ。一方、近畿では、受益表現「持たせてもらう」を使用し、実際にはモタセテモライマス、モタセテモライマショー、モタセテイタダキマスなど敬語的要素も加えている。

このように、二つの地域は対照的である。この場合、荷物を持って相手を助けてやるのは話し手であるから、授益表現を用いることがその場の事実に即している。それをそのまま表現に反映させているのが東北である。一方、そうした事実に反し、荷物を持つことがあたかも話し手の利益であるかのごとく、受益表現を使って偽装して話すのが近畿である。恩を売る側が、そのことを露わに口に出すことに抵抗のない地域と、そうした点に敏感で、事実をいわば逆の立場の表現にすりかえることによって配慮を表そうとする地域との違いである。

こうしてみると、言葉による配慮に神経質なまでに気を遣う近畿と、そうしたことには無頓着な東北との違いが浮かび上がってくる。もちろん、東北では敬語形式の「あげる」によって相手への配慮を表現する。しかし、その「あげる」の浸透さえ東北では徹底しておらず、無配慮的な「やる」を用いる地点が目立つ。

ところで、この荷物持ちのケースは、話者が荷物を持つという行為の主体である。したがって、勘ぐるならば、その行為を行うことで目上の人に取り入り、何らかの利益にありつこうという意図が働いているかもしれない。それが話し手に「もらう」の使用を促している可能性がまったくないとは言い切れない。それでは、そうした疑いのない場合はどうなるのだろうか。

尾崎喜光の道教えの言い方の調査は、この問いに答えるものである。この調査では、知らない人にコンビニの場所を教えるという設定で、「そこを右に曲がったら、すぐ近くにあります」

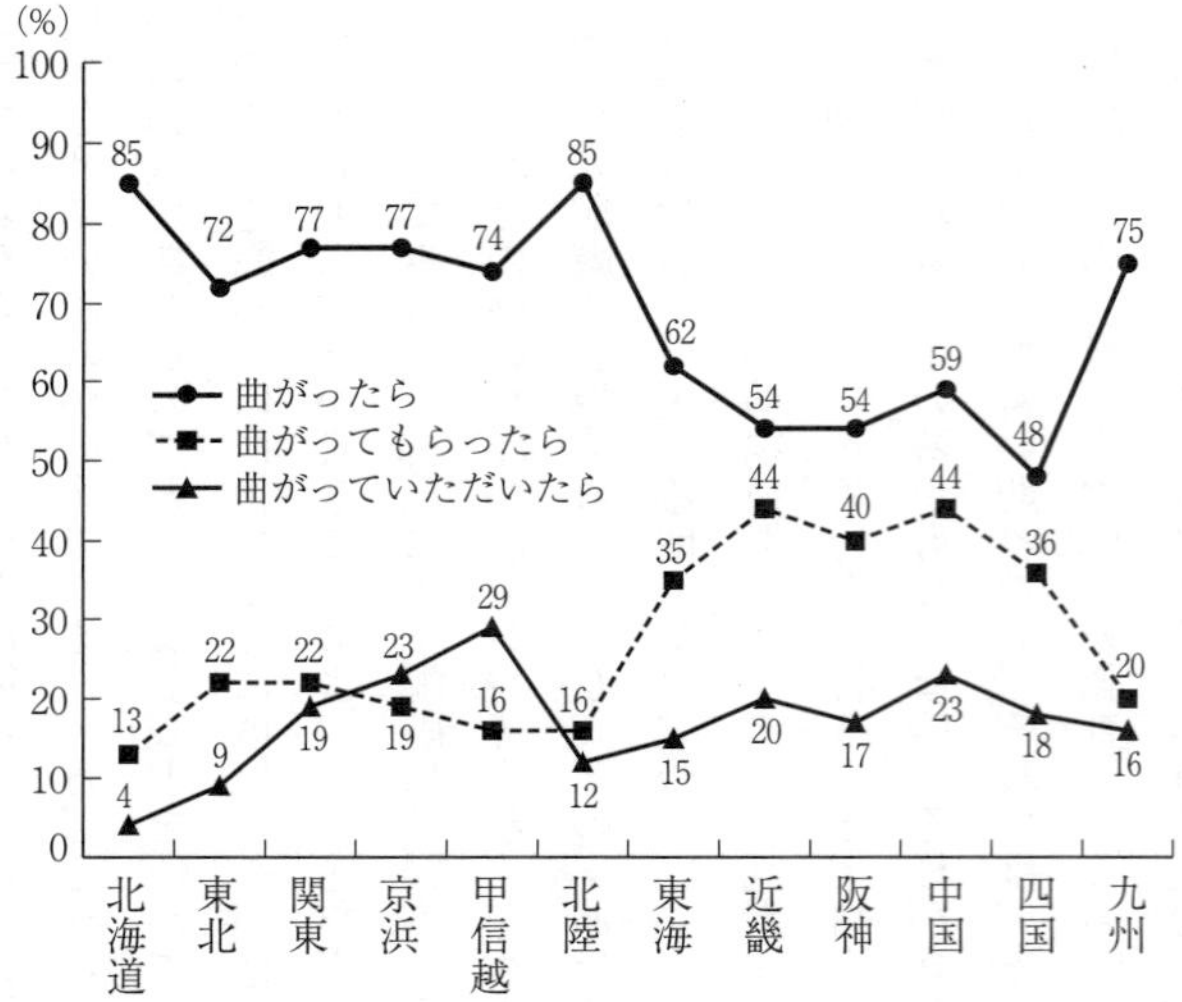

図22　道を教えるときの「そこを右に曲がったら」(尾崎喜光 2013 の図4から一部抜粋)

という文の「曲がったら」に当たる言い方を尋ねている。

結果は**図22**のような地域差を見せる。すなわち、「曲がってもらったら」は近畿を中心に東海から中国・四国にかけて非常に高い値を示す。その敬語形式の「曲がっていただいたら」は使用の多い地域が関東あたりまで広がるが、両者を合わせても近畿中心の分布であることには変わりがない。

この道を教えるケースは相手が見知らぬ人であり、話し手は情報を供与するだけである。つまり、話し手自身にとっては何の利益も生じないケースである。したがって、そこで使われる

「もらう(いただく)」は、純粋に相手への気遣いを表すものとみなしてよい。そうした「もらう(いただく)」の使用が、やはり近畿周辺で非常に多く見られる。相手に利益のあることを、あたかも自分が恩恵を受けるかのごとく述べる、近畿周辺ではこの特異な気遣いの手法がよほど好まれていると見受けられる。

なお、尾崎喜光によれば、この「もらう」は世代が若くなるほど、全国に広まる傾向を見せる。右の『方言文法全国地図』の調査は一九七九～八一年で当時七〇歳前後の高年層が対象、尾崎喜光の調査は二〇一一年で対象は一六歳以上と若い世代を含む。**図22**における「もらう」の広がりが**図21**のそれより広い範囲に及んでいるのは、二つの調査の間の時期に、「もらう」が近畿から周囲に向けて広まった結果と考えられるかもしれない。

恐縮と感謝

相手への気遣いを表すのに、恐縮の態度を示すのはたいへん有効な手段であろう。その恐縮の気持ちを言葉に表したのが、「申し訳ない」「すまない」といった表現である。この恐縮表現の地域差について、依頼場面を例に見てみよう。

図23は、先に取り上げたお金を借りる場面の調査結果から、恐縮表現を抜き出して地図化し

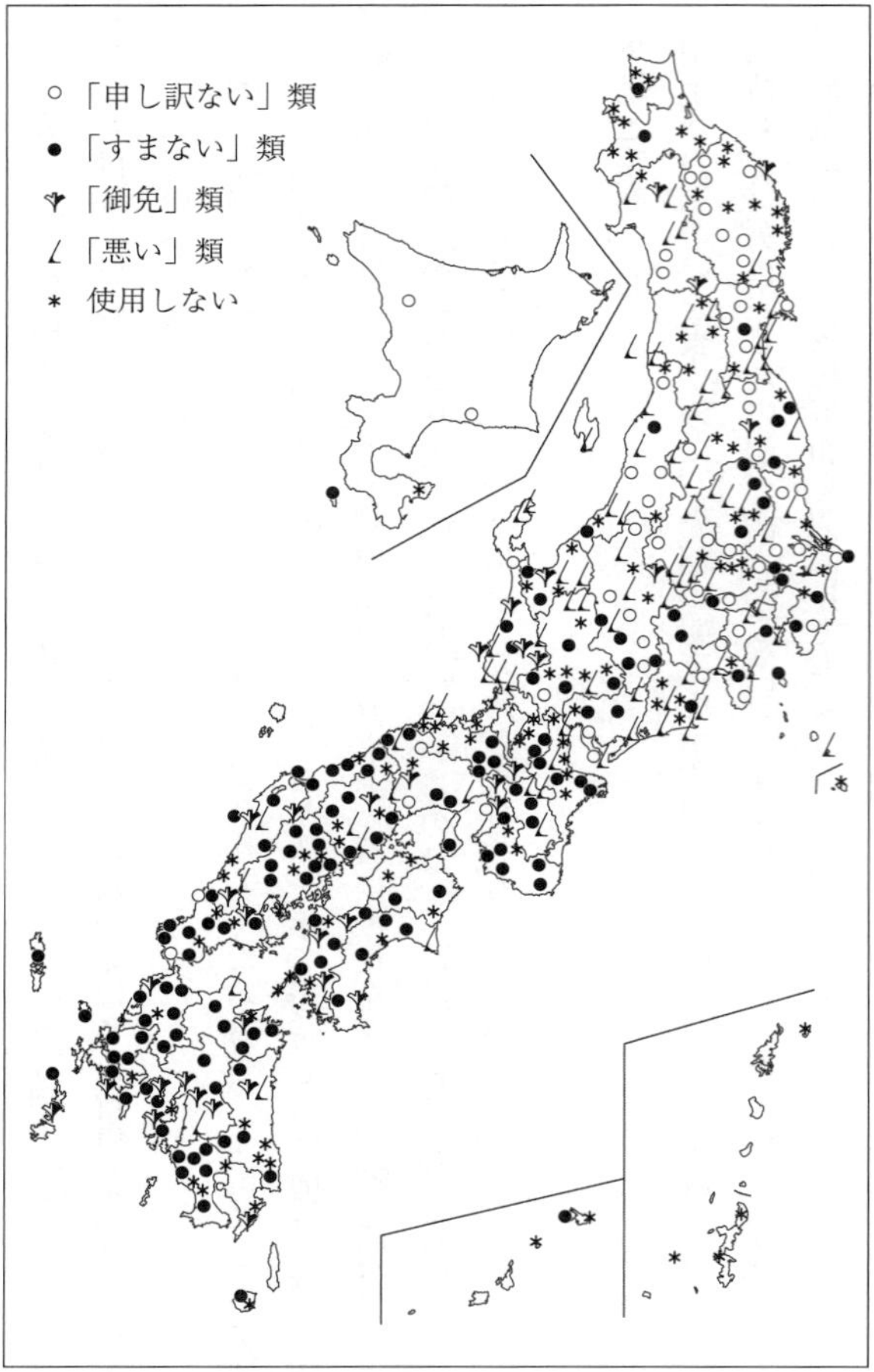

図 23　恐縮表現の地域差（小林隆 2014b を改変）

たものである。例えば、「申し訳ない。貸してくれ」「すまないが、貸してもらえないか」といった回答の傍線部を対象にしている。

これを見ると、「申し訳ない」「すまない」だけでなく、「御免」や「悪い」といった表現も用いられていることがわかる。しかも、これらの表現には地域差が認められる。つまり、「申し訳ない」と言う人は東日本に多く、「すまない」と言う人は西日本に多い。また、「御免」はどちらかというと西日本的な言い方である。

興味深いのは「悪い」という言い方にも地域差が見られることである。「悪い！」「悪いんだけど」と恐縮して頼み事をする人は、地図からわかるとおり東日本に偏っている。つまり、何か頼むときに「悪い」という言葉を口にしたら、その人は東日本の出身者と考えてよい。この「悪い」類は、お金を借りるという事態の善悪を宣言するものであり、非常に素朴な表現と言える。こうした表現が東日本に集中するのは、ものの言い方の地域的好みの問題としておもしろい。

しかし、それ以上に注目すべきは、そもそうした恐縮表現を使用しない地域が見られることである。あらためて**図23**に注目すると、まず、東北には恐縮表現の不使用地点が目立つ。特に、青森・岩手にその傾向が強い。また、北関東や中部・近畿の境界部など概して東日本で恐縮表現を用いないようである。一方、西日本にはそうした地域は少なめだが、それでも中国地方の内陸部や九州南部・沖縄などには不使用の地点が固まっている。

こうした分布はやはり偶然の結果ではなく、一定の地域的傾向を反映したものとみなすべきであろう。共通語的に考えると、お金を借りようという場合には、たとえ親しい相手でも恐縮表現は必須の要素と思われる。しかし、そうした表現を使用しない地域があり、しかも一定の地理的傾向を示すことは興味深い。

ところで、このような場面で、もし相手(近所の知り合い)がお金を貸してくれたとする。そのとき、あなたならどんな反応を返すだろうか。少なくともお礼の言葉を述べることは欠かせないだろう。つまり、「ありがとう」である。人から恩恵を受ける、特に、お金を貸してもらったときには、当然「ありがとう」と言わなければならない。それが常識のように思われる。ところが、日本にはこの一言を、あまり口にしない地域がある。

あらためてお金を借りる場面の調査結果を見てみよう。同じ調査では、相手がこちらの頼みを聞いてくれ、お金を貸してくれたときの反応も調べてある。**図24**をご覧いただきたい。この地図では、「ありがとう」「おおきに」「だんだん」などの感謝の言葉と、「申し訳ない」「すまない」「悪い」などの恐縮の言葉を対象にした。恐縮の言葉は感謝そのものを表すわけではな

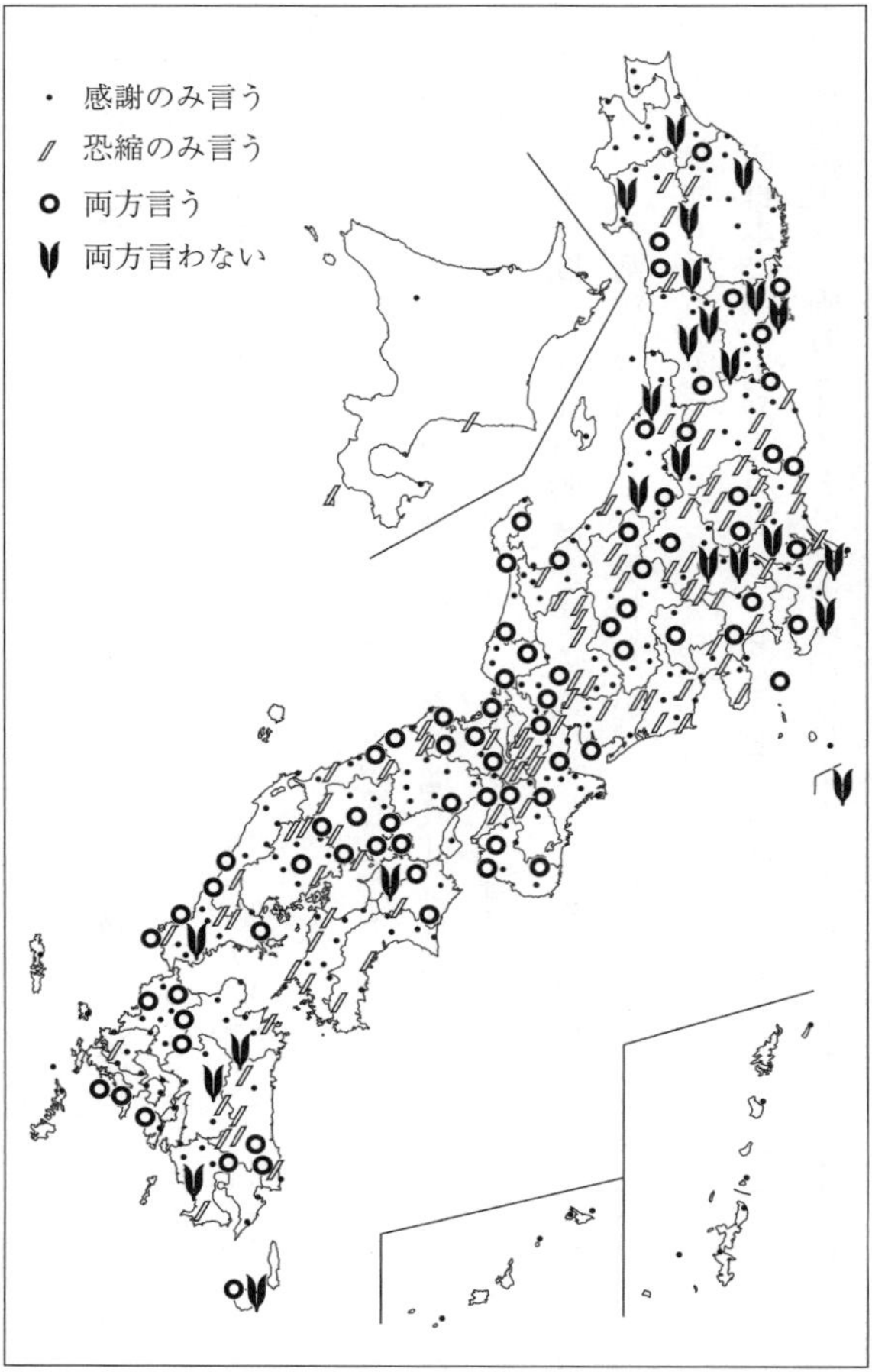

図24　お金を貸してもらったときの反応

いが、それに準ずるものとして扱う。なお、東北に多い「どうも」は感謝の言葉として分類してある。

お金を貸してもらったときに感謝の言葉を発しない地域は、凡例の「恐縮のみ言う」と「両方言わない」の記号が打たれている地域である。そうした地域は全国に存在するが、特に多いのは近畿の一部から東側の地域である。このように、「ありがとう」と言わない地域は意外と広い。

ただし、「申し訳ない」「すまない」といった恐縮表現もお礼の気持ちを含んでいるとみなすならば、広い意味での感謝の言葉を口にしない地域は、凡例の「両方言わない」の地域のみとなる。そうした地点はさすがに少ないものの、東北・関東に集中して現れていることがわかる。第1章で、家族間での感謝行動(醤油差しを取ってもらう場面)について取り上げ、東北ではお礼を言わない人の割合が高いことを紹介したが、その傾向はどうやら家族以外の人が相手の場合にもあてはまりそうである。

一方、西日本には「両方言わない」という地域はほとんどない。それどころか、感謝の言葉も恐縮の言葉も「両方言う」という地域が東日本よりもいくぶん多いように見える。これは東日本より西日本の方が、より念の入った表現を使う傾向にあることを物語る。ただ、中国・四国の一部と、特に九州にはあらためて「両方言わない」という地域が見られる。この点、関東以北と同様の傾向が現れていることになる。

それでは、こうしたお礼を言わない地域の人たちは、代わりに何かお礼めいた言葉は発しないのだろうか。実はそれらしき言い方が回答の中に見つかる。つまり、次のような「助かった」「よかった」といった表現である。

助かった助かった。明日の朝、あんたの家さ、じぇんこ返すに行ぐすけぇ。（青森県十和田市）

えがったちゃ。うんだら、明日持ってくっさけなー。（山形県尾花沢市）

ほんと、助がったぁー。晩げまでに、おどっつぁ（主人）に、じっき、とどげでもろうがんなぁ。あーよがった。（福島県南会津郡只見町）

あーたが借してくれたけん、よかったぁー。また出直さにゃんかて思ーたたい。（熊本県上益城郡山都町）

これらの表現からは、話し手がとても喜んでいる様子が伝わってくる。喜びを表現するからには話し手は感謝の気持ちを抱いているはずだ、という推測はできる。しかし、「助かった」や「よかった」それ自体はお礼の言葉ではない。あくまでも、自分の置かれている状況やそれに対する評価を表明したものである。恩恵を施してくれた相手に対して感謝を言葉にするのではなく、自分自身の安堵感を口にしているのである。

感謝を表すのに、自分がどうであるか（「助かった」「よかった」）という言い方をする。相手に向けるより、自分に引き寄せる。そうした表現が東北や九州に見られるのは、ものの言い方の一つの地域差として注目してよいだろう。

お店の人に感謝する

お金を借りたときのお礼の地域差については、すでに見てきた。それでは、貸したお金を返してもらったときに、相手に「ありがとう」と言うのはどうだろう。そんなばかな、自分のお金が戻ってきただけではないかと思ってしまうが、関西の学生に聞いたところでは、貸したお金や品物が返ってくるときにも「ありがとう」と言うのだそうである。

これは象徴的な場合だが、東日本出身の筆者からすると、関西では「ありがとう」という言葉を発する機会が全般的に多いように見える。例えば飲食店で食事をしたとする。注文の品が

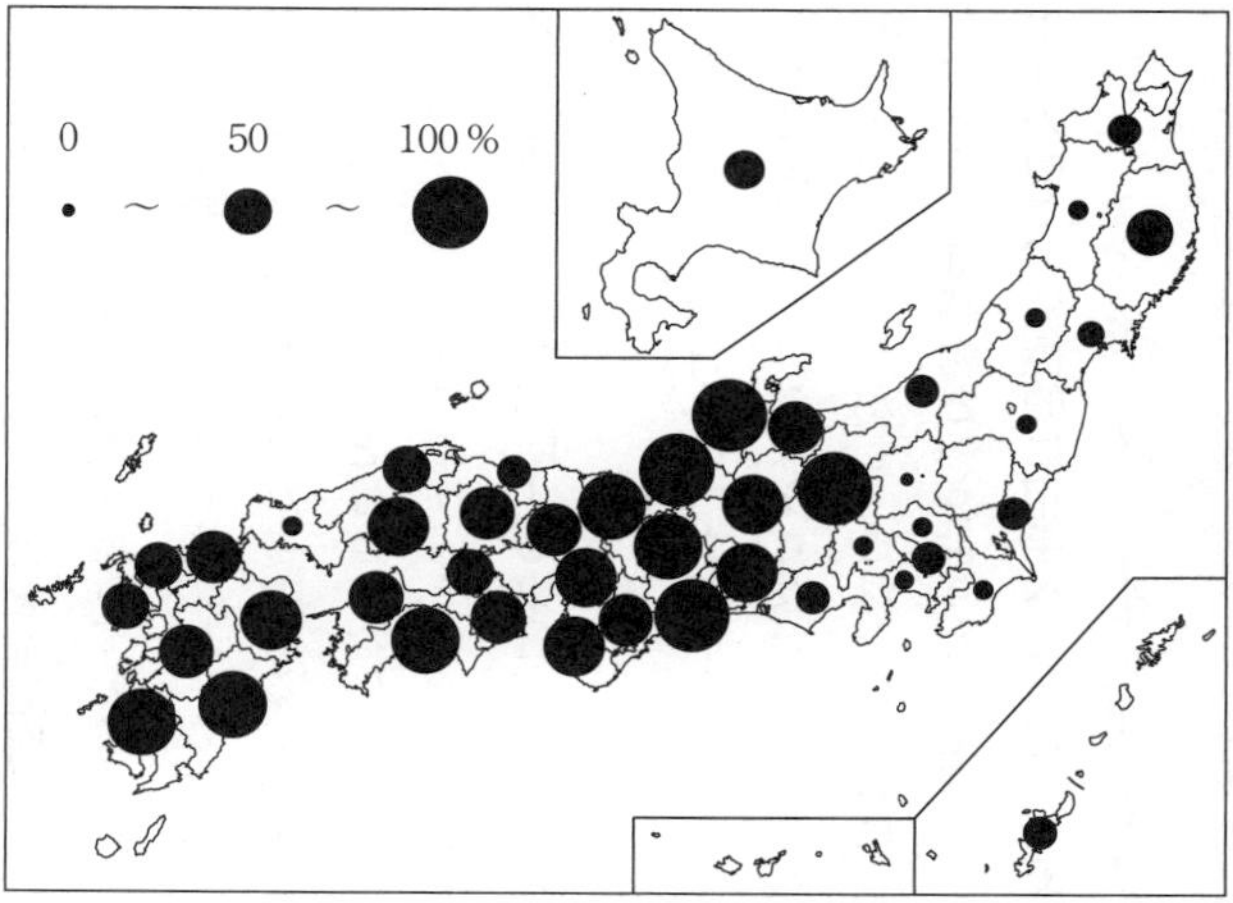

図25　店を出るときに「ありがとう」と言う人（篠崎晃一・小林隆 1997 を改変）

運ばれてくると「ありがとう」と言う。食事が終わりトレイを下げに来た店員にも「ありがとう」。レジで代金を支払い、お釣りを返されたときも、もちろん「ありがとう」である。また、バスを降りるときに運転手に「ありがとう」は当然であり、電車の中で車掌に見せた切符を返されたときでさえ「ありがとう」である。これらは学生に聞いたり、筆者が観察したりしたものだが、たしかに関西の「ありがとう」の頻度は高い。

こうした「ありがとう」の使い方について、地域差を端的に示す地図がある。**図25**を見てほしい。この調査は第3章の最初に紹介したが、ここでは店を出るときに「ありがとう」と言う人の割合を都道府県別に示している。これを見ると、「ありがとう」の使用に西高東低の顕著な差が現れていることがわかる。

店の品物を買ってあげたのに、なぜ客のこちらがお礼を言わなければいけないのか。筆者などはそう考えてしまいがちである。相手との関係を判断し、立場上お礼を言う必要のない場合には「ありがとう」とは言わない、というのが東日本の考え方であろう。一方、西日本の場合には、立場はどうであれ、そこで何かしてもらっていることに対して「ありがとう」と感謝する。地位や立場で判断する東日本と、その場の行為を重視する西日本との違いと言ってよいかもしれない。

もっとも、西日本の「ありがとう」を〝感謝〟の表明と受け取ってよいかについては、もう少し考えてみなければならない。もちろん、文字通りお礼の意味で「ありがとう」を使う場合もあるだろう。しかし、これだけ頻繁にさまざまな場面で使用される様子を見ると、この「ありがとう」は感謝というよりも〝気遣い〟を表しているのではないかと思われてくる。日々の生活の中で、積極的に相手への気遣いや配慮を言葉にして示す、そうした発想の象徴的な存在として、「ありがとう」の使用を理解することができそうである。

猫にも気遣い？

少し話題を変えてみよう。みなさんは猫をこちらに呼び寄せるとき、どんな声を発するだろうか。猫嫌いの人はともかく、経験のある人は考えてみてほしい。おそらく、「チャッチャッ」と舌打ちをしたり、「ニャーニャー」と鳴き真似をしたり、あるいは「タマ、タマー」と名前を呼んだりと、いくつかの方法が思い浮かぶ。

こうした点について全国調査をしたところ、以上のほかに、「コイ」とか「オイデ」とかいった命令的な言い方も回答された。これらは人間に話しかけるのと同じ言い方である。つまり、言葉の上では猫を人間並みに扱っていることになる。「タマ、タマー」と名前を呼ぶのもこれに準ずるものではあるが、「コイ」「オイデ」の方が、猫が言葉を理解するかのごとく相手の行動を促すという点で、いかにも人間らしい扱いの表現と言えよう。

実際、「コイ」「オイデ」といった命令表現を使うのはどこの地域か。**図26**を見てみよう。そこには、一緒に調べた鶏と犬の場合も併せて載せておいた。これを見ると、鶏に対しては「コイ」「オイデ」と言う地域はほとんどない。反対に、犬に対しては全国的に命令表現を使用する。両者は対極的だが、その中間的な位置にいるのが猫である。つまり、猫の場合も「コイ」「オイデ」は広範囲に見られるものの、犬に比べて分布が薄い。かつ、日本の両端に当たる東

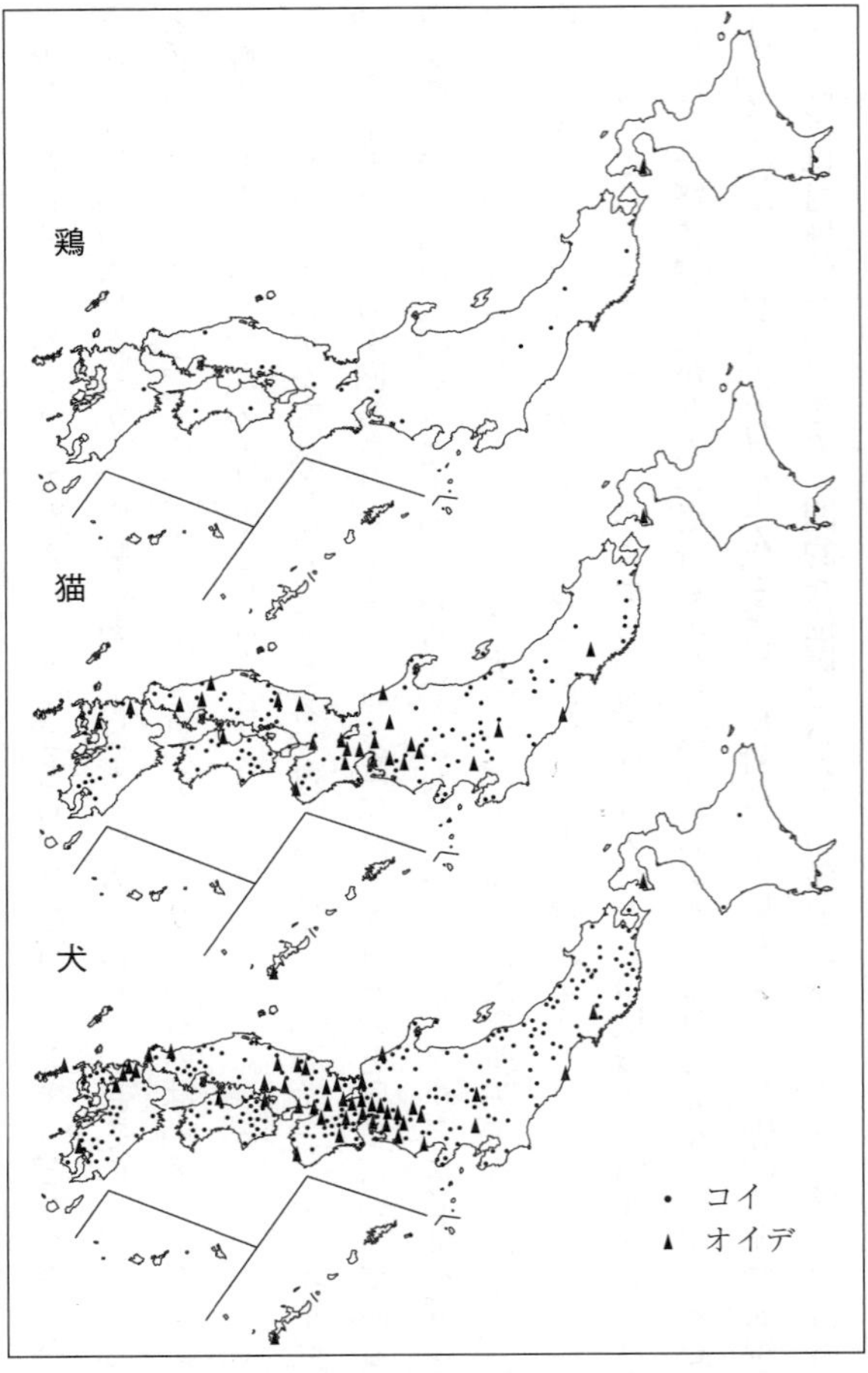

図26　動物を呼ぶ声──「コイ」と「オイデ」

北・北関東と九州東部・沖縄では、あまり使用しない。これは、日本の中央部では、猫に向かって命令表現を使い人間並みに扱うが、周辺部では、ほとんど命令表現を用いず動物扱いする、というふうに解釈される。

さて、気遣いという点で注目されるのは「オイデ」を使う地域である。この「オイデ」は、目下に対して用いる点では「コイ」と同じだが、相手にやさしく語りかける点で「コイ」に比べて配慮を含んだ言い方である。つまり、同じ動物に対して話しかける場合でも、「コイ」より「オイデ」の方が気遣いの度合が高い。

表5　「オイデ」の使用状況

	鶏	猫	犬
東日本	×	×	×
西日本	×	△	○
近　畿	×	○	◎

この「オイデ」の使用状況を**図26**をもとに整理すると**表5**のようになる(記号は◎>○>△の順に優勢)。まず、使用地域の広さは犬>猫>鶏の順である。これは、「コイ」の使用も含めて、これらの動物をどの程度人間扱いしているかという違いを反映したものと考えられる。また、地域差の面では、東日本では「オイデ」をほとんど使用しないが、西日本ではある程度用いている。とりわけ、近畿を中心とした地域ではかなり活発に使っている。これは、東日本より西日本の方が、さらに、西日本の中でも近畿を中心とする地域が、犬や猫に対して気遣いを言葉で表現しやすいことを物語

る。

犬・猫にも気遣い、と言うと違和感があるかもしれない。しかし、少なくとも言葉の上ではそうした傾向を示す地域が存在する。動物にも気配りをするくらいだから、いわんや人間をやである。近畿が配慮を表現することにとび抜けて敏感な地域であることは、こうした事例からもうかがえる。

▼第6章のまとめ

本章では敬語システムから始めて、さまざまな気遣いの方法の地域差を見てきた。いわゆる敬語の枠から抜け出し、さらには文法の範疇からも飛び出して、気遣いに関わりそうな表現法に広く目を配ってみた。

まず、相手に何か頼む場合には、命令口調にするのではなく、授受表現を使ったり、質問文を用いたりと、多様な手法が使用されていることがわかった。また、授受表現に関して、「もらう」を使った低姿勢の申し出を取り上げた。さらに、恐縮や感謝の表現が、共通語の感覚では使われて当然の場面で出てこなかったり、逆に、二重に使われたりするという実態も把握した。動物にまで気遣いを表現する地域のあることは、最後に紹介した。

そして、それらには明らかな地域差が現れていた。配慮性の高い表現の使用は、全般に西高東低の傾向を示す。つまり、西日本の方が東日本より気遣いを口にしやすい。

これは、最初に見た敬語システムの地域差にも対応する。すなわち、狭い意味での敬語が発達している西日本は、その他さまざまな手法によっても積極的に気遣いを表そうとする。一方、敬語が未発達な東日本は、それ以外の配慮表現もあまり用いない。敬語的要素の乏しい地域では、それ以外の何らかの表現法によってその不足を補っているのではないかとも想像されるが、どうもそれは成り立たないようである。

ただし、敬語システムの地域差と、それ以外の配慮表現の地域差が対応しない地域もある。それはまず九州・沖縄地方である。九州・沖縄地方は敬語の仕組みから見て、他の西日本と同じ複雑さのランクに分類されている。しかし、それ以外の配慮表現はあまり活発ではない。次に、東日本では、敬語システムの面からは北関東を中心に「無敬語方言域」が広がっている。だが、さまざまな表現法から見ると、むしろそこより北の東北における配慮表現の乏しさが目立っている。

これはつまり、言葉による気遣いの地域差にとって、東西差のほかに、中央対東北・西南という対立が重要な軸になりうることを物語る。

第7章 会話を作るか作らないか

ボケとツッコミ

職業柄、各地の研究者との付き合いは多いが、懇親会などで関西の研究者同士が会話するのを聞くと、ちょっとした漫才を演じているかのように聞こえることがある。漫才は漫才師の専売特許と決め込んでいたが、どうやら関西人は日ごろから漫才を地で行っている部分があるようだ。

そう言えば、大阪で乗ったタクシーの運転手の話では、どうやってうける話をするかが子供の頃からの一大関心事であり、もてる男の子というのは頭のいい子やかっこいい子ではなく、おもしろいことを言える子だったという。運転手は吉本新喜劇の影響が大きいと言うが、事実はむしろ逆で、大阪人に染み込んだそうした会話の文化が吉本新喜劇を生み育てたというのが本当のところであろう。

この漫才的な会話を代表する話術が、ボケとツッコミである。関西を紹介する本やインターネットのサイトには、必ずと言ってよいほどその話が載っている。例えば、千秋育子の『関西人の取扱説明書』には、かなり詳しいボケ・ツッコミの話し方講座が設けられている。そこでは、ボケを三種に、ツッコミを五種に分類し、具体的な用法を解説する。このようにボケとツッコミをマニュアル化できるところがすごいところで、それは、これらの話術が関西人にとって当たり前のものであり、それだけ型にはまった定式でもあるからだろう。

表6　ボケ・ツッコミが好き(陣内正敬 2010)

東京都	50.8%
名古屋市	45.5%
大阪市	72.3%
広島市	62.2%
高知市	55.3%
福岡市	50.7%

このボケとツッコミへの好感度を調査した結果が陣内正敬によって示されている。各地の一〇歳代から六〇歳代までの地元出身者約二〇〇名が対象である。結果は**表6**に示すように予想どおりで、大阪での好感度が最も高く、他の地域を二割程度上回っている。全体として、大阪のほか広島・高知という西日本の割合が高めで、東日本の東京・名古屋、そして九州の福岡は低めの値が出ている。

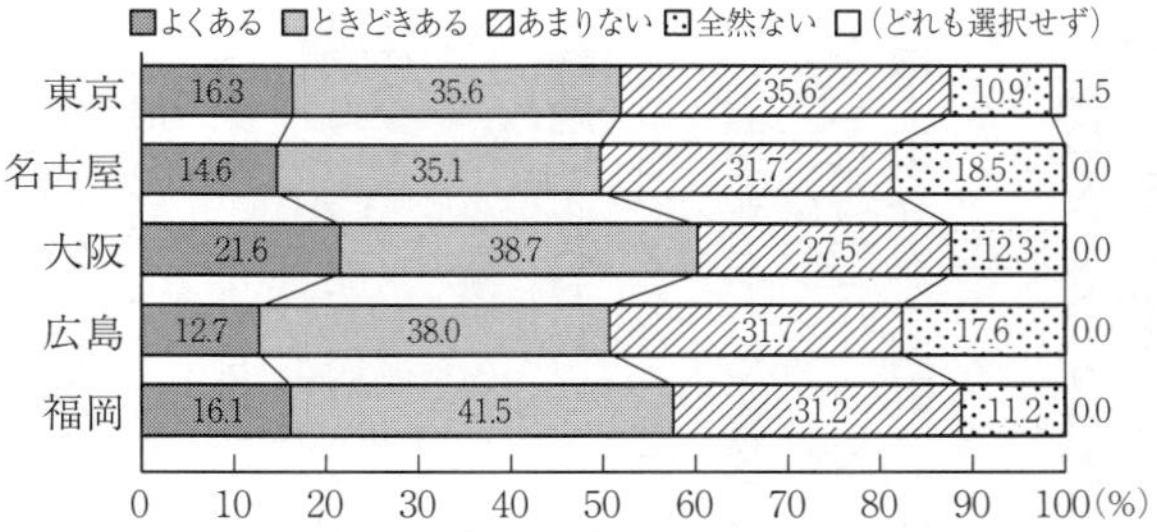

図 27　ツッコミを期待してボケることがあるか(尾崎喜光 2011 を改変)

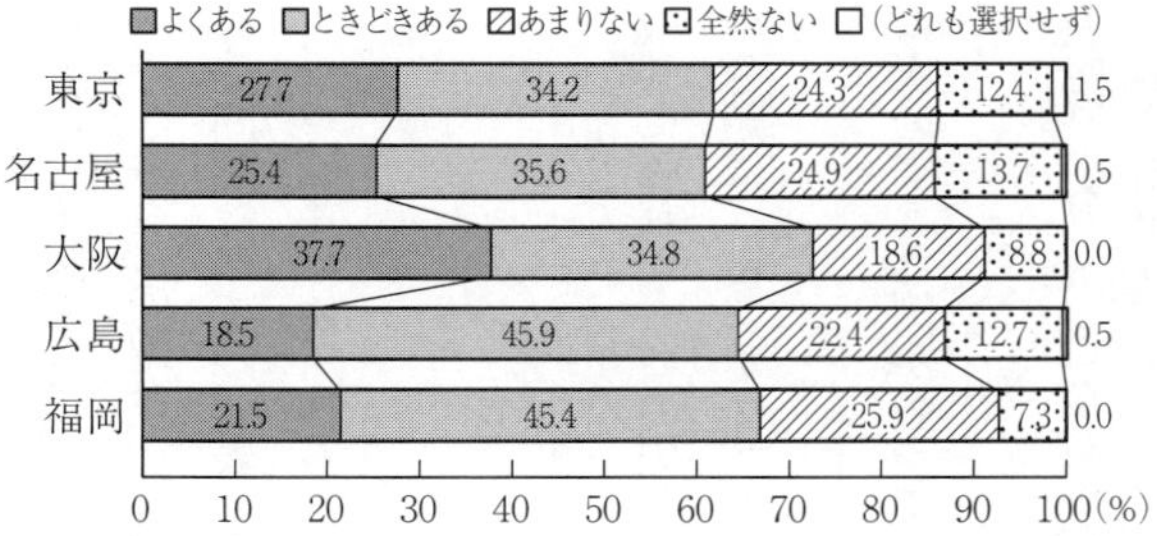

図 28　失敗談(ボケ)に対してツッコミを入れるか(尾崎喜光 2011 を改変)

同様の興味の調査は尾崎喜光によっても行われている。その中から、「友達がつっ込んでくれるのを期待して、わざととぼけて間違ったことを言って話をおもしろくすることはあるか？」と、「友達からちょっとした失敗談を聞かされたら〝つっ込み〟を入れる言葉を返すことがあるか？」という二つの項目について見てみよう。前者はボケに関する問い、後者はツッコミに関する問いである。

結果は**図27**、**図28**をご覧いただきたい。大阪では「よくある」「ときどきある」を合わせた値が最も高くなっており、特に、「よくある」の割合が他の地域より目立って多い。この調査は対象に生え抜き以外の人も含むので問題は残るが、**表6**で見た好意度と対応した結果が出ていることからすれば、実際のボケ・ツッコミの使用率もほぼ同様の地域傾向を示すと考えてよいだろう。

話題にする

前の節でツッコミに先行する失敗談に触れた。この失敗談の披露はボケの一種とみなしてよい。右で紹介した千秋育子のボケの分類に「自虐ボケ」というのがあるが、これも同種のものと考えられる。

尾上圭介の『大阪ことば学』には次のような例が載っている。

「ぼく、きのう目が覚めたら七時五十分で、こらあかん、遅刻や思て、めしも食わんと電車に飛び乗って、会社に着いたら、だあれもいてへんねん。よう考えたら春分の日や」

「あほくさ」

（『大阪ことば学』一六八・一六九頁）

東日本出身の筆者にはとても真似のできないボケようだが、ここまで大がかりでなくとも、ちょっとしたところに自分の失敗を持ち出すことはよくあるらしい。試しに関西の学生にボケとツッコミの会話例を作ってほしいと頼んだところ、あっという間に次のようなやりとりができあがった。

A　最近寒くなってきたなぁ。
B　ほんまやなぁ。もうすっかり冬やなぁ。もうじきクリスマスやしな。
A　どうりで最近、クーラーつけてたら肌寒いと思った。
B　いや、気づくん遅いわ！

Aの「クーラーつけてた」という発話が失敗の提示であり、同時にボケてみせているところである。すかさずBが「気づくん遅いわ」とツッコミを入れている。また、「自虐ボケ」的な会話では、次のようなものがある。

表7　失敗談の披露がよくある(陣内正敬 2010)

東京都	22.1%
名古屋市	23.8%
大阪市	39.0%
広島市	28.6%
高知市	26.7%
福岡市	29.9%

A　おめでとう。めっちゃきれいやったでー。

B　ありがとう。そんなん言うてもらえてうれしいわぁ。先週整形しといてよかったわぁ。

A　いや、ほんまに美人花嫁やったでぇ。整形間に合ってよかったなぁ。

これは筆者の大阪の友人の会話だが、結婚式の主役である新婦Bと招待客の友人Aが披露宴で出会ったときのものである。ここではBの自虐的なボケに対し、Aも同調してボケることで会話を盛り上げている。側で聞いていると「本当に整形だと誤解されたらどうするんだろう」とか「本人の言うことに同調して失礼ではないだろうか」などとこちらが冷や冷やしてしまうが、会話の当人たちは平然と笑い合っている。

失敗談の披露については、陣内正敬が前節と同じ調査の中で取り上げている。結果は**表7**に掲げたように、やはり大阪の割合が高い。

こうした失敗談や自虐ネタは、要するに自分を貶めることでちょっとした話題を提供し、話

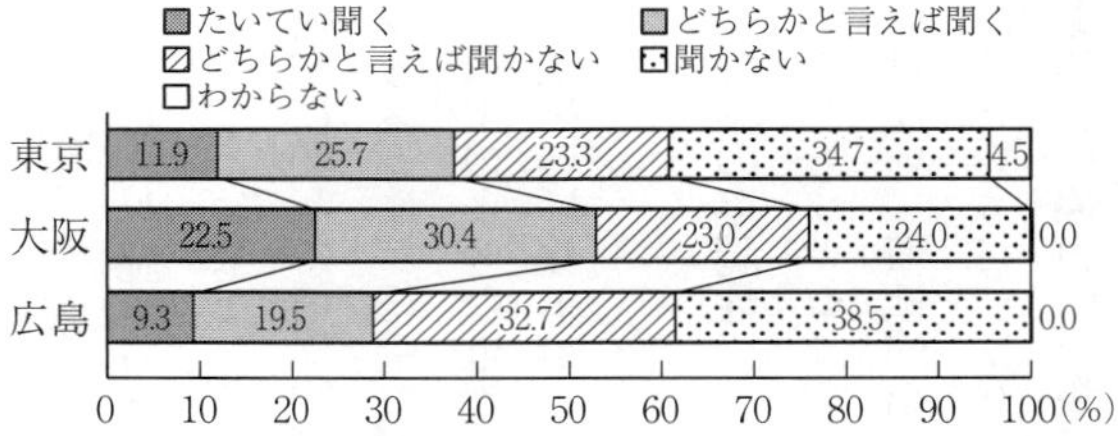

図 29　値段を尋ねるか(尾崎喜光 2011 を改変)

をおもしろくしようとする意図から出たものと言える。

もちろん、関西の会話で失敗談や自虐ネタだけを話題にするわけではないことは言うまでもない。都会生活研究プロジェクトの『大阪ルール』によれば、値切って買った品物があるときは、「これなんぼやと思う?」と自慢げに相手に話しかけるという。この場合は、失敗談同様、自分の側のことを取り上げているが、これが相手側のことであってもかまわない。つまり、相手の着ている服を見て、「そのフリース、いくらしたん?」と問いかけることは決して不自然でないそうである。

この点については、尾崎喜光が調査を行っている。すなわち、「友達が最近買った服やかばんのことを話しているとき、値段について尋ねる方か?」という問いに対して、**図29**のような結果が出ている。調査地点は東京、大阪、広島に限られているが、大阪では「たいてい聞く」「どちらかと言えば聞く」を合わせた割合が五割を超えており、二〜三割台にとどまる東京・広島とは大きく異なる特徴を見せている。

このように自分のことでも相手のことでも積極的に話題化していく点については、第5章で言及したお祝いの言葉においてもうかがえる。沖裕子の分析によれば、祝いを述べる側が、「お嫁さんはどこからもらうのか」とか「どなたのご紹介ですか」などのように質問を行い、結婚に関して積極的に話題にしていく会話タイプが見られるのは近畿である。また、それに応ずるように、相手の側が、結婚の経緯を長く説明していく会話タイプが目立つのも近畿である。

以上のような近畿に見られる「積極的話題化」の特徴は、会話を前向きに構築したり、盛り上げたりしようという発話態度の現れであると解釈される。

会話の協調性

ボケとツッコミの話術が成り立つためには、会話の中にボケるための話題を投入しなければいけない。積極的話題化はボケ・ツッコミの材料の供給源と言える。しかし、材料を用意したからといって、ボケ・ツッコミがすぐさま成立するわけではない。そこには、もう一つ、会話参加者の協力的な姿勢が欠かせない。

「だれかがボケればだれかがツッコむ。それどころか、相手がボケたがっていると見れば、ボケやすいように話の流れ、キッカケをお膳立てしてやる」とは尾上圭介の観察である。久木田恵も、ボケ・ツッコミの笑いに至る伏線が、「一人の話者によって作られる場合もあるが、会話に参加している人々全員によっても構築される」と、ボケとツッコミの背後に、関西方言における会話参加者たちの協調性の存在を指摘している。相手に合わせて話を盛り上げるという話し方が、近畿では非常に発達していると言える。

こうした話術の世界で育った関西人にとっては、東日本の人たちの話し振りは大いに違和感があるらしい。大阪育ちで東京の大学に進学した経験をもつ大学院生に聞くと、東京の人たちは反応が冷たい印象だったという。何かボケを言うと、大阪では周りがフォローしてくれるが、東京ではそれがない。おもしろくない発言をしたときにも、大阪なら「だめやん！」とツッコミが入るが、東京だと「あー(低いトーン)」と言われるだけで、先が続かないそうである。また、大阪出身の同僚から、仙台に赴任したばかりのときには教室を盛り上げるために大いにボケる行動をとったものの、学生のあまりの反応の鈍さに、もしや誤解を受けているのではないかと心配になり、ボケるのをやめたという話も聞いた。

ボケとツッコミにかぎらず、会話の参加者が共同作業のように話を展開させることは、東日本の人たちは苦手である。本書の冒頭でも紹介したように、大阪出身の別の同僚は、東北人の話が短く感じるという。今話していた話題が終わったとは思えず、「それで?」と続きを聞こうとすると、「もう終わりだ」と言われた経験が何度もあるという。東日本出身の筆者も、関西出身の仲間から話の短さを指摘されたことがある。筆者の話はすぐ終わってしまうのでつまらないということだった。そのときは大いに自尊心が傷つけられたが、今考えると、関西と東日本の話し振りの違いが、この事件の背景にあったのかもしれない。

会話の協調性という点では、東京生まれの浅田次郎の文章も注目される。

久しぶりに家族が揃って夕食の膳を囲んだ。父は雪を求めて足を延ばした津軽の話をし、母は梅幸《ばいこう》の藤娘について語り、祖父は祖父で都電の運転手の肖像を撮ったことを、勝手に話した。東京の人間はみな聞きべたのおしゃべりだから、家族が全員そろえば必ずそういうありさまになるのだった。僕は頭上に飛びかう機関銃のような会話に身を低くして、黙々と食事をした。

(浅田次郎「青い火花」『霞町物語』七八頁)

「聞きべたのおしゃべり」と、東京人の話し振りを評して浅田は言う。東京人が本当におしゃべりかどうかは調べてみないとよくわからないが、最初に示した**図1**「自分はおしゃべりか？」では、「かなりおしゃべりだ」と意識する人が大阪に次いで多いことは確かである。おそらく、東日本の中でも東京には、他の地域に比べておしゃべりの人が実際に多いのではないか。

しかし、同時に、東京人は「聞きべた」でもあるというのが浅田の意見である。それぞれが勝手に自分の関心事を語るが、相手の話にはついていこうとしない。お互いが一つの話題を膨らませて会話を展開させていく、そうした協調性に乏しいのが東京人の特徴だというのである。右に引いた『大阪ルール』に「会話はパス回しが命」という一節があるが、まことに言い得て妙である。この会話のパス回しがうまくできないのが東京人なのである。ここが関西と東京の違いだろう。

もっとも、東京とそれ以外の東日本各地を比べると、このパス回しのうまさは、今度は東京に軍配が上がりそうな気がする。また、西日本も関西的な会話の協調性がどの地域まで浸透しているのか。九州や沖縄の会話には関西ほどの協調性がないような気がするが、さてどうだろうか。会話の協調性の地域差は、今後本格的な調査が必要である。

言葉によるオモテナシ

尾上圭介は、大阪方言における会話の特徴として、当たり前のことは言わず、聞いて退屈しないように話すという点を挙げる。

会話というものは、ただ用件が伝わればよいというものではない。相手とのやりとりを自分も積極的に求め、楽しんでいるという姿勢を表現してこそ、それが会話というものだ、というのが大阪の人間の感覚である。せっかく自分にものを言ってくれている相手に対して、ただ黙って聞いているだけではあいそがない。そこで、用件の本筋に関係のないところでごじゃごじゃと相手にからんで楽しむ会話というものが、よく現れる。

（『大阪ことば学』二九頁）

この大阪方言における「楽しんでいるという姿勢」は、陣内正敬の意識調査によって裏付けられる。この調査では、大阪と東京の会話における発話態度の違いを調べているが、「正しく話す」と「楽しく話す」とではどちらが大切かという質問に対して、**図30**のような結果が得られた。すなわち、改まった会話においては、大阪と東京で大差ないものの、普段の会話においては、東京より大阪の方に「楽しく話す」を単独で支持する人の割合が高い。これは、尾上の指摘する会話を楽しむ姿勢が意識化されて回答されたものと理解できる。

この楽しく話すという会話ポリシーの現れが「笑い」の重視である。ボケとツッコミなどはその象徴的存在である。陣内正敬の調査結果を見ると、「会話の中の「笑い」の大切さ」の項目では、「とても大切」とした割合が、大阪で六三・八%、東京で五三・五%と、大阪が東京を一〇ポイントほど上回っている。

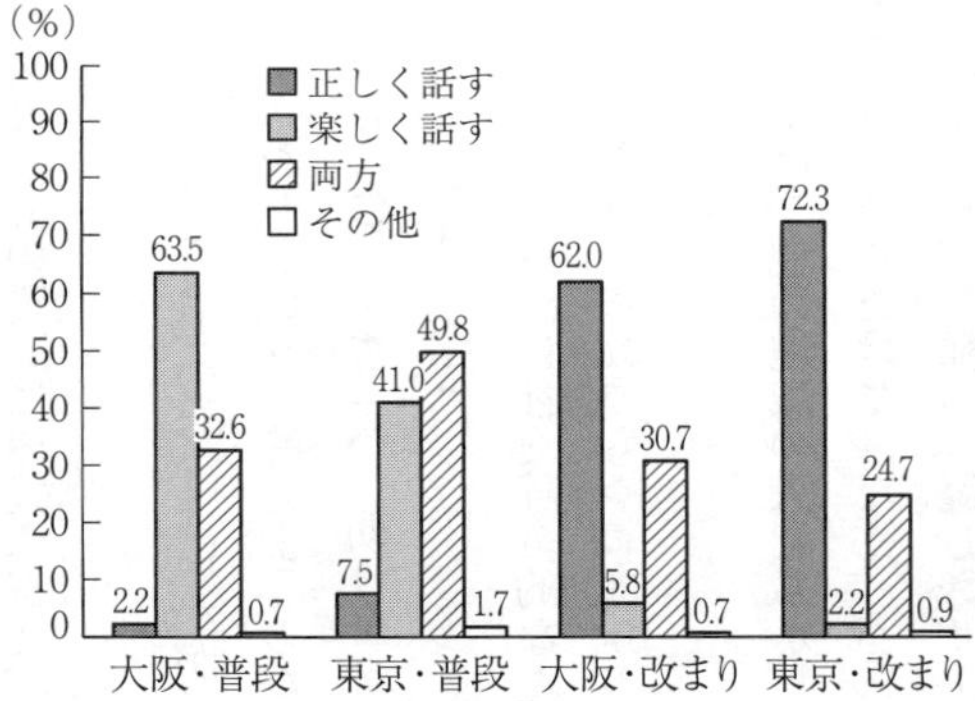

図30　正しく話すか楽しく話すか(陣内正敬 2003を改変)

もう一つ、右の尾上の指摘の中で注意されるのは、「せっかく自分にものを言ってくれている相手に対して、ただ黙って聞いているだけではあいそがない」という点である。つまり、相手に合わせて話をすることは一種のサービス、言わばオモテナシであるという感覚である。

この点については、益田ミリが、観光バスの中でバスガイドの質問に律義に答え、会話を盛り上げる大阪人の旅行者の話を紹介している。

「さきほどのお寺はいかがでしたか?」

などという、答えようのない質問をされたときは、さすがに一瞬バスの中は静まるものだ。(中略)そこへ、助け舟を出してくれるのが、例の大阪4人組なのである。

「お寺、すごい良かったで〜!」

あきらかに社交辞令的な返事だし、他の客にはしらじらしいと思われることはわかっていても、それでもやっぱり答えてしまう。

(『大阪人の胸のうち』八五頁)

益田は、他の地域の人たちからは誤解されかねないこうした大阪人の行動が、「目立ちたい、という気持ちだけではなく、バスガイドさんのためになんか言ってあげようとする」気持ちから出ており、一種の「優しさサービス」として理解されるべきだと指摘する。

興味深いのは、これと相通じる感想を東京から関西に移って九年目の谷崎潤一郎も述べていることである。

金銭上のことでなくとも、大阪の婦人は一体に愛想がよく、人をそらさないので、それも善意から出てゐるには違ひないが、実に空々しい歯の浮くやうなお世辞を云ふ。東京人ははにかみやで人みしりが強いから、あまり巧い言を云はれると却《かえ》つて此方が気恥《きはず》かしくなり、嬉しくもなんともないのである。のみならず、そんなお世辞を云ふ奴は卑劣な人間だと頭から極めてかゝる。然《しか》るに大阪では、此の種の婦人でよく附き合つてみると正直な善良な人が多いのである。（「私の見た大阪及び大阪人」『谷崎潤一郎全集』二〇、三八八頁）

「愛想」や「お世辞」「巧い言」を言葉による相手へのサービスだと心得る大阪人、それらを空々しい、歯が浮く言い方だと感じ、その話し手に不快感を抱く東京人、両者のものの言い方の感覚にはかなり大きな溝が存在する。この溝が時としてコミュニケーション摩擦の原因になるのである。

▼第7章のまとめ

以上、会話を作るという点での地域差について見てきた。ボケとツッコミの話術をとっかかりに、関西方言を特徴づける積極的な話題化や会話参加者の協調性を取り上げた。また、関西人の会話を楽しもうとする姿勢や、話をすること自体が相手へのサービスになるという考え方にも言及した。

藤本義一・丹波元『大阪人と日本人』は、「大阪というところは、日々これ、台本のない芝居を楽しんでいるような町」であり、「自己演出」が得意なところが大阪人の特徴であると述べている。たしかに、「ボケ・ツッコミ」「話題化」「協調性」「楽しむ姿勢」、あるいは「愛想」「お世辞」「巧い言」「言葉によるサービス」といった、ここまで見てきた特徴を総合すれば、この演出性というとらえ方はとてもよく的を射ている。話し手たちがさまざまな表現の技を駆使して、あたかも色とりどりの糸で鮮やかな織物を織るかの如く会話を創造していく、その演出性に長けた話し振りは、関西方言の大きな特色と言ってよいだろう。

こうした関西方言の演出性に対して、他の方言はどうなのか。残念ながらまだ十分な調査データが集まっていない。ただ、東京方言については関西方言との対比でこれまでも問題にされることがあり、そのことは本章でも触れた。つまり、東京方言は会話を演出するということが得意ではなく、関西方言的な演出性に抵抗感さえ感じるようである。

ただ、それ以外の地域、例えば東北方言を取り上げてみると、そうした非演出的な性格は、東京方言に輪をかけて強く現れるのではないかと想像される。例えば、東日本大震災の被災地支援のために全国から大勢のボランティアが東北に集まったが、関西弁を話すボランティアに対しては警戒心を抱いて口を開かない被災者がいたという。おそらく、自己演出が苦手な東北人は、関西人の言葉によるサービスを「調子のよさ」と勘違いしてしまう節があったのではなかろうか。このエピソードには、東北人と関西人とが抱く、会話の演出性に対する好悪の感覚の違いが関わっているのかもしれない。

第8章 ものの言い方の発想法

七つの発想法

これまで七つの観点から、ものの言い方の地域差を見てきた。いわゆる「方言」の地域差は知られていても、ものの言い方にこれほど地域差があることに驚いた方もいらっしゃるかもしれない。

ところで、ものの言い方には、その地域の人々の志向が反映されている。物事をどのように表現するかという好みである。ただし、そうした志向や好みは背後からものの言い方を操るものであり、直接的にはその姿をとらえることはできない。実際のものの言い方を観察し、それをもとに考えていくしかないのである。ここまでの説明をあらかじめ七つの章に分けたのは、結論として七種類の志向や好みが抽出できると見越したためである。

そのような、ものの言い方に関する志向や好みを、ここでは「言語的発想法」と名付けることにしたい。あらためて言えば、言語的発想法とは、物事をいかに言葉で表現するかという人々の考え方のことである。言葉と向き合う話し手の姿勢が言語的発想法であると言ってもよい。

さて、おさらいの意味で、ここまでの各章の要点を示すと次のようになる。

第1章　口に出す地域と出さない地域とがある。
第2章　決まった言い方をする地域としない地域とがある。
第3章　細かく言い分ける地域と言い分けない地域とがある。
第4章　間接的に言う地域と直接的に言う地域とがある。
第5章　客観的に話す地域と主観的に話す地域とがある。
第6章　言葉で相手を気遣う地域と気遣わない地域とがある。
第7章　会話を作る地域と作らない地域とがある。

以上を踏まえて、七つの言語的発想法を設定してみよう。

〈ものの言い方の発想法〉
①**発言性**　あることを口に出して言う、言葉で何かを伝えるという発想法。
②**定型性**　場面に応じて、一定の決まった言い方をするという発想法。
③**分析性**　場面を細かく分割し、それぞれ専用の形式を用意するという発想法。
④**加工性**　直接的な言い方を避け、手を加えた間接的な表現を使うという発想法。
⑤**客観性**　主観的に話さず、感情を抑制して客観的に話すという発想法。
⑥**配慮性**　相手への気遣い、つまり、配慮を言葉によって表現するという発想法。
⑦**演出性**　話の進行に気を配り、会話を演出しようという発想法。

これは、例えば、第1章の「口に出す地域と出さない地域とがある」という特徴から、「あることを口に出して言う、言葉で何かを伝えるという発想法」を抽出し、「発言性」という名称を与えたものである。以下、同様に六つの発想法を取り出し、それぞれ「定型性」「分析性」「加工性」「客観性」「配慮性」「演出性」と名付けることにした。

この場合、それぞれの発想法の名称は、逆の見方から与えることも可能ではある。例えば「発言性」については、口に出すことより出さないことの方に着目し、「無言性」といった名前を付けることもできるかもしれない。同様に、「客観性」はその逆の「主観性」を発想法の名称にもってくることもありうる。

しかし、ここではそうした立場をとらなかった。それは、口に出さないことより出すことの方が、主観的に話すことより客観的に話すことの方が、それぞれ言語的発想法と呼ぶのにふさわしいと判断したからである。つまり、口に出さないことや主観的に話すことは、ものの言い方としてはほとんど無意識的で特別な労力を必要としない。それに対して、口に出したり客観的に話したりすることは、意識的でそのための労力を伴うものである。ものの言い方にとって、前者は手を加えていない原初的な姿であるとすれば、後者は加工を施した発展的な姿であると言える。その点で、前者を発想法と呼ぶのは適当でなく、後者こそ発想法として注目すべきであると考えたのである。

このことは、ものの言い方の変遷として、「無言性」から「発言性」へ、「主観性」から「客観性」へといった一定の方向性を想定することをも意味する。すなわち、口に出さないことや主観的に話すことは、ものの言い方が発達する際のいわばスタート地点の状態であり、その良し悪しは別として、そこから口に出したり客観的に話したりする状態へと意図的に移行していくと考えられる。つまり、言語的発想法の変化は、「無言性」が抑えられ「発言性」が強められる方向へと進む（＝「発言化」）。また、「主観性」が制御され「客観性」が強化される方向に推移する（＝「客観化」）。同様に、「定型化」「分析化」「加工化」「配慮化」「演出化」といった発達が起こるとみなされるのである。

言語的発想法における以上のような把握のしかたは、これらの発想法のもつ社会的な意味合いから説明できるが、その点については、また後ほど話題にすることにしたい。

発想法の地域差

さて、七つの言語的発想法は地理的にはどのような分布を示すだろうか。日本の方言を発想法の観点から見ると、どんな地域差が浮かび上がるのか、ここまで眺めてきたものの言い方の地域差をもとに、その点について考えてみよう。

まず、第1章から第7章まで、各章のまとめの部分に記した地理的傾向を要約すれば次のようになる。

①**発言性**　口に出すという傾向は概して近畿を中心とする西日本に強く、東日本と九州、とりわけ東北にその傾向が弱い。ただ、東日本の中でも関東(特に東京)は近畿と近い面もあり、ものを言う傾向もうかがえる。

②**定型性**　決まった言い方をする傾向は日本の中央部で強く、周辺部では弱い。また、東日本に比べて西日本の定型性が強い。特に、型の存在が鮮明に現れる近畿と、そうでない東北との違いが顕著である。

③**分析性**　場面を細かく分割して専用の形式を用意するのは西日本の特徴である。また、日本の中央部と周辺部を比較すると、前者に分化した表現が、後者に未分化な表現が見られる。

④**加工性**　間接的なものの言い方は西日本的・中央的であり、直接的なものの言い方は東日本的・周辺的である。東日本の中でも、東北には表現の加工を行わない傾向が著しい。

⑤**客観性**　客観的な表現は西日本、特に近畿において著しく発達している。逆に、主観性の強い表現は東日本と九州以南に見られ、とりわけ東北にその傾向が強い。

⑥**配慮性**　気遣いを口にしやすい傾向は東日本より西日本の方に認められる。また、中央(強)対東北・西南(弱)という対立でも配慮性の地域差を観察することができる。

⑦演出性　演出により会話を作ろうという姿勢は近畿に顕著である。それに比べて東京は会話の演出が得意ではないが、それ以外の地域、例えば東北などはさらに非演出的な性格が強く現れると予想される。

限られた事例からの考察ではあるが、現段階での検討では以上のような地理的傾向を把握することができた。今後、ものの言い方に関する調査が進めば、地域差について考えるための材料も増えていくはずである。ただ、それでも、こうした傾向は大きくは動かないのではないかというのが筆者の予想である。

さて、以上の地理的傾向を全体的に見渡すと、七つの発想法には共通性が見られることがわかる。つまり、言語的発想法全体として大きくまとめられる地域差が読みとれる。

まず、近畿と東北の違いがはっきりと浮かび上がっている。どの発想法においても近畿は発達が著しく、東北は未発達の状態にある。この二つの地域は、言語的発想法から見たとき、発達と未発達の両極に位置する典型的な類型として把握することができる(ここで言う「発達」「未発達」が価値の優劣ではないことは、一言断わっておこう)。

次に、日本の中央部対周辺部という対立と、西日本対東日本という対立も見て取れる。この二つの対立を総合的に解釈すると、西日本(九州を除く)の方が、東日本および九州・沖縄より言語的発想法が発達していると理解することができる。ただし、東日本の中でも東京を中心とする関東は、西日本に近い傾向を示す点で例外と言える。

以上をまとめてみよう。七つの言語的発想法の発達状況から見た場合、全国は大まかに次の四つのグループに分類されることになる。

発達地域　　近畿地方
準発達地域　西日本(九州を除く)、関東地方(特に東京)
準未発達地域　東日本(東北を除く)、九州・沖縄地方
未発達地域　東北地方

地域差を生み出す要因

それでは、こうした発想法の地域差はなぜ生まれたのだろうか。どのようにして、ものの言い方の地域的好みが育ってきたのか。次の課題は、以上のような発想法の地域差を生み出す要因について明らかにすることである。

こうした問題を考えていくために、ここで一つの説明モデルを提示してみよう。**図31**に示し

た「社会と言語活動の関係モデル」がそれである。

至ってシンプルなモデルだが、このモデルでは、言語活動の状態が社会環境に影響されることを示している。つまり、言語活動のあり方は根本的に社会環境のあり方に起因し、社会環境の違いが言語活動の性質を規定すると考える。しかし、それは直接的な関係ではなく、間に複数の要因が挟まっている。すなわち、社会環境はまず言語環境に影響を与える。次に、言語環境は言語態度に作用する。そして、最後に、言語態度が現実の言語活動を生み出し、支配していく。このように、現象面に現れた具体的な言語活動の背景に、社会環境を基底とした何段階かにわたる影響構造が隠されていると考える。

このモデルは、言葉のさまざまな面に対応できるように、かなり一般的に考えたものである。ここでの議論に引き寄せれば、ものの言い方は言語活動のレベルに、言語的発想法は言語態度のレベルに位置づけられる（図31のカッコ内）。言語活動の中でも、特に話し言葉における言語行動や表現法が「ものの言い方」に当たる。また、そうしたものの言い方を操作する言語態度が、ここまで述べてきた七つの「言語的発想法」ということになる。

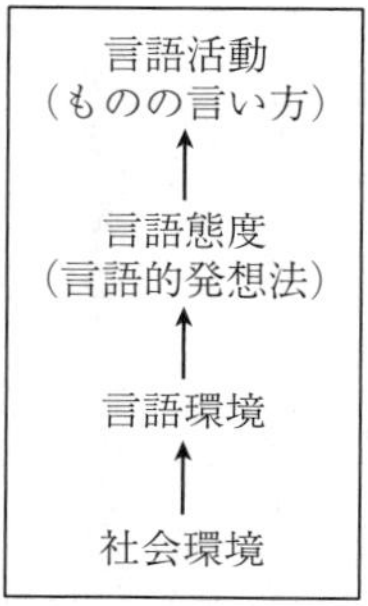

図31　社会と言語活動の関係モデル

言語環境による発想法の変化

それでは、この言語的発想法を規定する言語環境とは何だろうか。筆者の結論を先に述べれば、それはコミュニケーションのあり方である。人々が行う日常的なコミュニケーションがどのようなものであるか、その性格の違いが言語的発想法の違いを生み出す。より具体的に述べれば、会話の相手が多様化し、会話の種類が豊富になる、それに伴い会話自体の頻度も高まる、そうしたコミュニケーションの複雑化・活性化が発想法の発達に大きく影響するのではないかということである。

このコミュニケーションの複雑化・活性化ということについて、もう少し考えてみよう。まず、コミュニケーションの相手や種類が増えることは、無口でいるわけにはいかないという状況を生み出す。それまで、黙っていても察してもらえたものが、自分が今、誰に向かって、何を伝えたいかを明確に示すために、とにかく口を開かなければいけなくなってくる。言わなくともわかるコミュニケーションから、言わなければわからないコミュニケーションへと変化することが、「発言化」という発想法の発達を促していく。

また、コミュニケーションが複雑かつ活発になってくると、ただ何かを言えばよいという単純な発想ではすまなくなってくる。言葉遣いの細かな約束事を作り上げていかないと、意思疎通がスムーズに図れなくなる恐れがある。つまり、自分の考えを正確かつ迅速に相手に理解してもらうために、目的に応じて一定の決まった言い方をすることが必要になる。しかも、こういうときにはこう、別のときにはこうと、場面ごとに細かく言い分けていかないと、話が大雑把すぎて、言いたいことの細部が確実に伝わらない可能性も生じる。あるいは、感情に任せて話していては、肝心の用件を理解してもらえないという心配も出てくる。誰が聞いても発言の意図が明確に伝わるような工夫が必要になる。それまでのものの言い方では対応しきれない、こうした新しい言語環境に置かれたときに、「定型化」「分析化」「客観化」といった発想法への欲求が湧き起こってくる。

今述べたことが、言葉の伝達効率に関わる問題であるとすれば、一方で伝達効果に関する問題もコミュニケーションの複雑化や活性化に伴って生じてくる。確実にスピーディーにというだけでなく、いかに効果的に相手に働きかけるかという面にも注目が集まるようになる。つまり、相手に対して自分の言うことを単に理解させるだけでなく、よい印象を与えるようなものの言い方が求められるようになる。相手が自分の思い通りに動いてくれるような話し方を工夫することも必要になってくる。相手との良好な関係を築き、また、相手との交渉を優位に運ぶために、ものの言い方の効果が問題とされるのである。

そうした効果的なものの言い方というのは、まず、ぶっきらぼうに物事を口にしないことであろう。また、自分の本心を露わにするような話し方を控えることでもあろう。相手への気遣いを言葉にして示すことも必要であるし、会話を盛り上げて言葉で相手をもてなすことも効き目がある。そうしたものの言い方への志向が、「加工化」「客観化」「配慮化」「演出化」といった発想法へとつながっていく。

説明が抽象的になりすぎたので、こんな例で考えてみよう。食事の場面を想像してほしい。食卓に着けば黙っていても食事が運ばれてくるとする。家庭などでの食事には、そのような状況もありうるだろう。特別目新しい話題がなければ、家族とあえて会話を交わす必要もない。無言のまま食事を終えるか、「ごちそうさま」くらいは言うかして、席を立つということもないとは言えない。

一方、どこかの町の食堂で食事をするときはそう簡単ではない。まず、店に入るときに何か言葉を発しなければならない。混んでいて相席でいいかと聞かれれば、それに答えなければいけない。実際相席となれば、先の客に一言声をかける必要もある。また、席に着いてメニューを見せられれば、何を食べるか注文しなければならない。頼んだ物がなかなか出てこなければ、催促することもあるだろう。食べ終えての支払いにも店員とのやりとりがある。これがもし、会社のお得意様と一緒だったら、話はもっと複雑になる。何を注文するか、互いにちょっとした相談をするかもしれない。食事中、相手の機嫌をとらなければいけないし、支払いはどちらが行うか、ひとしきり相手との駆け引きを演ずることもありうる。どんな食堂なのか、店の人との関係はどうか、誰と一緒に行くかなどによっても状況は異なってくる。

極端なケースを挙げたが、家庭の例が単純なコミュニケーションの場合であり、食堂の例が複雑なコミュニケーションの場合である。家庭の例では話し相手が固定的であり、会話の内容も限定されている。一方、食堂の例では話し相手は多様であり、会話の内容も多岐にわたっている。前者のようなコミュニケーションでは、ものの言い方にそれほど注意する必要はないが、後者のようなコミュニケーションとなると、いろいろ気を配るべき点が現れてくる。すなわち、効率よく効果的に話をする話術が必要となってくる。前者から後者へのコミュニケーションの変化は、ものの言い方を整備し、磨き上げようという意識を芽生えさせるであろう。そして、そうした意識の向かうところが、七つの言語的発想法となって顕在化していくものと考えられる。

第9章　発想法の背景を読み解く

発想法の発達と社会環境

言語的発想法の発達は、コミュニケーションの変化がもたらす。つまり、コミュニケーションが複雑化・活性化することで、より効率的で効果的なものの言い方が必要となり、その実現のために七つの発想法が発達していく。コミュニケーションの変化に対応すべく、ものの言い方のシステムを精密に築き上げ、巧みに操ろうという思考法が七つの発想法なのである。

以上は先の章のおさらいである。コミュニケーションのあり方と言語的発想法との関連、すなわち、**図31**のモデルの「言語環境」から「言語態度」への影響関係は一応説明できたことになる。

駒を先に進めよう。それでは、「言語環境」と「社会環境」との関連はどういうことになるのだろうか。コミュニケーションの複雑化・活性化、つまり、人と人との言葉によるやりとりが多様になり、頻繁に行われるような社会環境とはどのようなものであろうか。

先の章で見た食事の例で考えてみよう。自宅の食卓でのコミュニケーションと町の食堂でのコミュニケーションを対比してみたが、そもそも食事が自宅のみでなく外でも行われるというのはどういう社会なのか。

まず、どこかの町へ出かけることがあるほど人々の行き来が活発になっており、それを支える交通網も整備されていることが想像される。町へ出かけなければいけない用事があることからすれば、人々の行動目的が多様化しているとも思われる。食事を売ることが商売となるような社会であり、それを成り立たせるだけの人口を抱える社会であるとも言える。また、お得意様と一緒だったり、見知らぬ人と相席になったりするということは、いろいろな人々が暮らし、人付き合いが複雑になっている社会であることもわかる。

このように人口が多く、さまざまな人々が多様な目的をもって生活し、経済活動が盛んで交通網も発達している社会とは、要するに社会環境の複雑化や活性化が進んでいる社会と言える。つまり、社会環境の複雑化・活性化がコミュニケーションの複雑化・活性化と対応し、それを促すと考えられる。社会環境の変貌がコミュニケーションのあり方にも変革をもたらすのである。

それでは、七つの言語的発想法が発達している地域は、社会環境の複雑化・活性化が進んだ地域と言えるだろうか。ここまで述べてきたところでは、そのように言えるはずである。本章では、その呼応関係が成り立つかどうかを確認していくことにしたい。ただ、検証のための社会環境の地域差についての資料が十分揃っているわけではない。しかも、ものの言い方の地域差は、一朝一夕にできあがったものではなく、歴史的な見方が必要である。

そこで、ここではコミュニケーションのあり方に影響を与える可能性があり、かつ、歴史的な状況がある程度明らかになっている人口と経済活動、そして交通の様子について見ていくことにしたい。それらの発達の地域差と、言語的発想法の地域差とがどう対応するかに注目していく。なお、ここまでの議論では触れなかったが、社会組織のあり方との関係についても最後に話題にする。

人口の集中から考える

最初に、人口に注目してみよう。コミュニケーションを活性化する要因の一つは、何といってもたくさんの人々が集まり、接触の機会が増えることだろう。そうした高頻度の接触は、まず、人口の集中によってもたらされる。頻度だけではなく、コミュニケーションの目的や相手も、人口の増加によって多様化することだろう。人口の地域的な変動は、言語的発想法の地域差の形成に影響を与えると予想される。幸い、歴史人口学の分野では、各時代の人口密度が推計されているので、それを手がかりに考えてみよう。

図32は、鬼頭宏が示す各時代の人口密度の分布状況である。中古・中世の状況は資料不足のため推定がなされておらず空白となっているが、それでも大まかな変動は読み取れる。すなわち、人口密度の重心は、縄文時代には明らかに東日本にあったが、弥生時代になると、一転して西日本へと移行する。近畿周辺部と九州北部を中心とした西日本地域、および関東での密度が高く、一方、東日本や山陰・四国太平洋側、九州南部での密度は低い。この様子は、すでに奈良時代にそれに近い状態が出現し、以降、多少の変化を伴いながらも近世後期まで連続して確認されることがわかる。

以上のように、弥生時代以降、近世に至るまでの長きにわたって人口の集中地域はほぼ一定していた。

それでは、人々の集まる地域と言語的発想法の発達する地域とは一致するのか。結論的には、

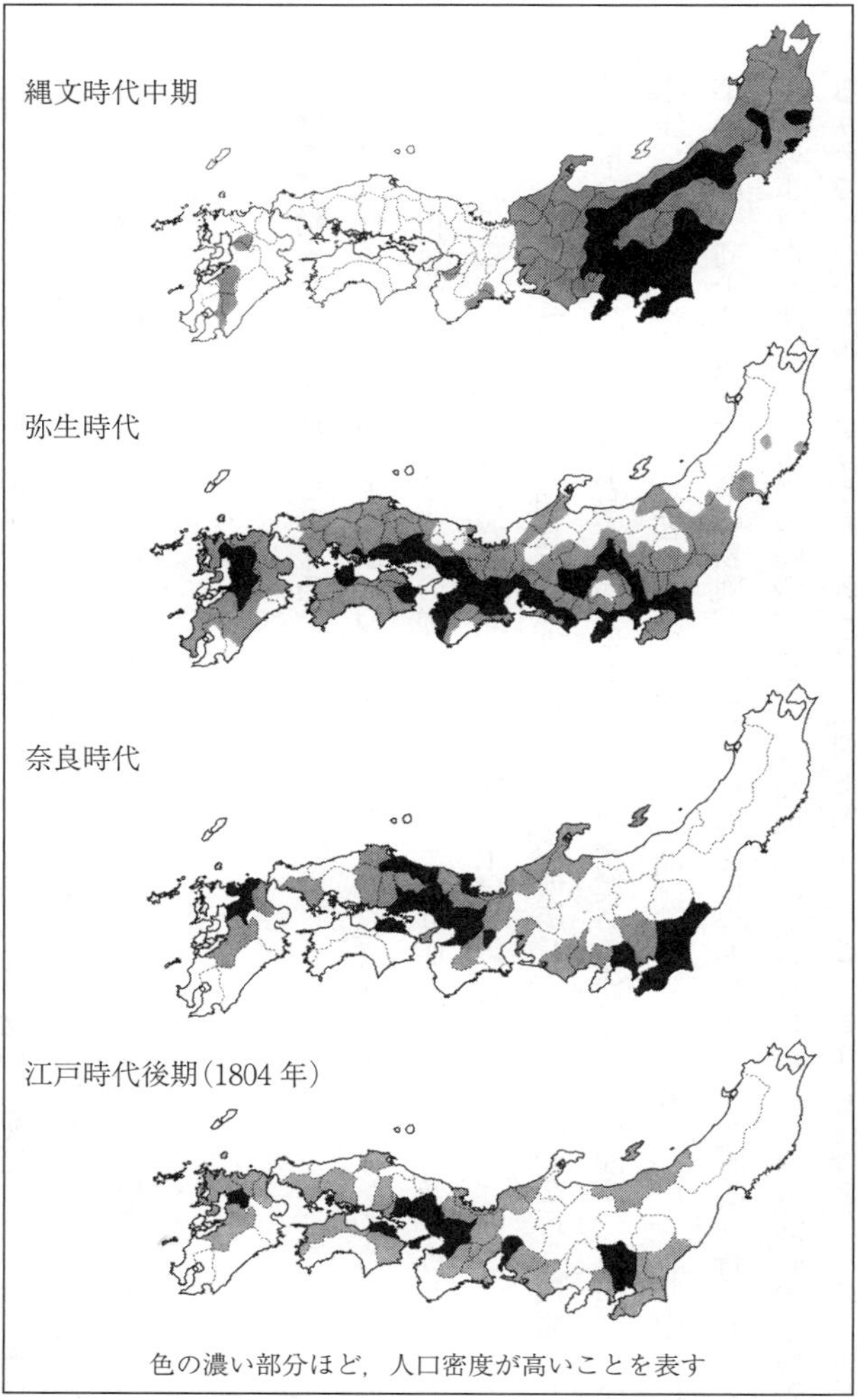

図 32　時代別人口密度の分布状況(鬼頭宏 2007，33・43・95 頁による)

ほぼ対応すると見てよい。前章で整理したように、言語的発想法の「発達地域」は近畿地方であり、「準発達地域」は九州を除く西日本と関東である。これは、右で見た弥生時代以降の人口密集地域と大体において重なる。つまり、人口の多いところで言語的発想法が育つ様子が確認できるのである。

経済活動・交通の発達から考える

次に、経済活動と交通の地域差について見てみよう。経済活動が盛んになるのは商工業が発達する中世以降と考えられる。その様子は特に「座」の結成や「市」の普及にうかがうことができる。ここでは、両者の地域的展開について取り上げてみる。

まず、「座」というのは、朝廷・社寺・武家などに従属し、奉仕や貢納を行う代償として営業特権を与えられた商工業者の集団のことである。産業の発達に伴い、油座、塩座、魚座、材木座、鍛冶座、紙座、薬座などさまざまな「座」が構成された。また、「市」も、中世には農業の生産力向上や新興手工業の勃興、社会的分業の深化などによって全国的に普及したという。

このような「座」や「市」の隆盛がどのような地域に見られるかは、経済活動の地域差を見るうえで一つの指標となりうる。そこで、『国史大辞典』に示された資料をもとに、商工業座および市の数を旧国別に分布図にしてみた。図33がそれである。

この図によると、「座」は山城、大和、摂津、近江などの近畿中央部に顕著な発達が見られ、さらに、西は九州北部、東は北陸や東海道筋、関東などにもある程度組織されている。一方、中部の内陸部から東北にかけての東日本にはあまり見られず、西では四国の西部から九州南部にかけての地域にも認められない。「市」の様子は、「座」に比べて中国・九州や関東などでの広がりがあるものの、だいたい両者の分布は並行的である。特に、東北では、「市」の存在は、「座」と同様にきわめて希薄であると言わざるをえない。

こうした経済活動の発達を支えたのが近畿と地方を結ぶ交通網であり、特に、海上交通と商業との関係は切り離せない。この点で、「港」と「問丸《といまる》」の存在は重要である。後者の「問丸」とは主要な港に成立した一種の運送業者であり、中世には畿内市場と地方生産地間の流通を支配した。そして、その利潤によって富を蓄え、富裕な商人になるとともに、町政・市政を牛耳る者も現れたという。

このような「港」や「問丸」の分布を豊田武の研究から引用したのが図34である。この図によれば、港は全国的に分布するが、概して東日本(特に東北)や九州南部に乏しいことがわかる。また、問丸は近畿に集中し、西は中国から九州北部、東は北陸、東海道・関東にも見られるも

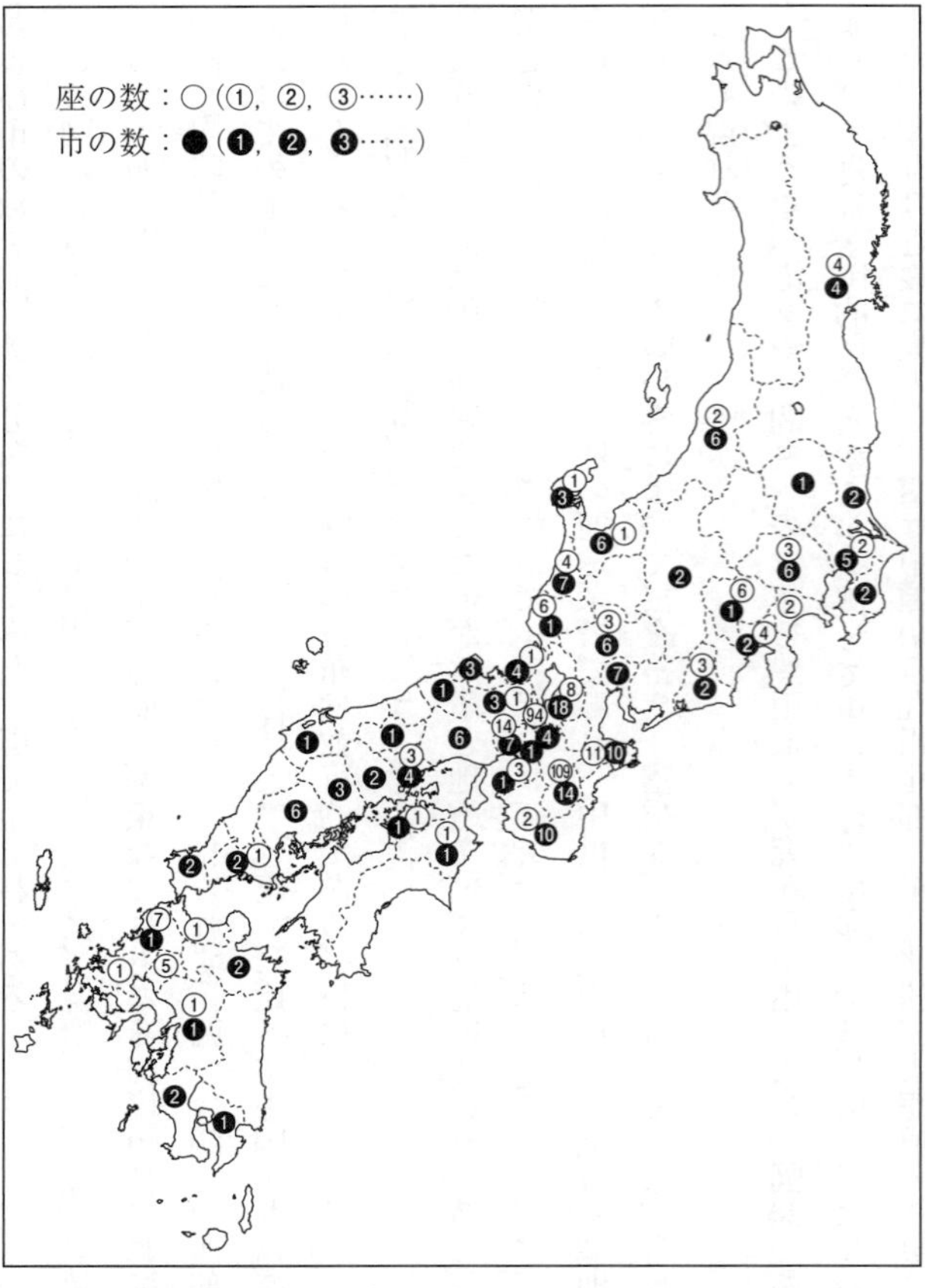

図 33　座と市の分布（『国史大辞典』「座」「市」の資料をもとに作成）

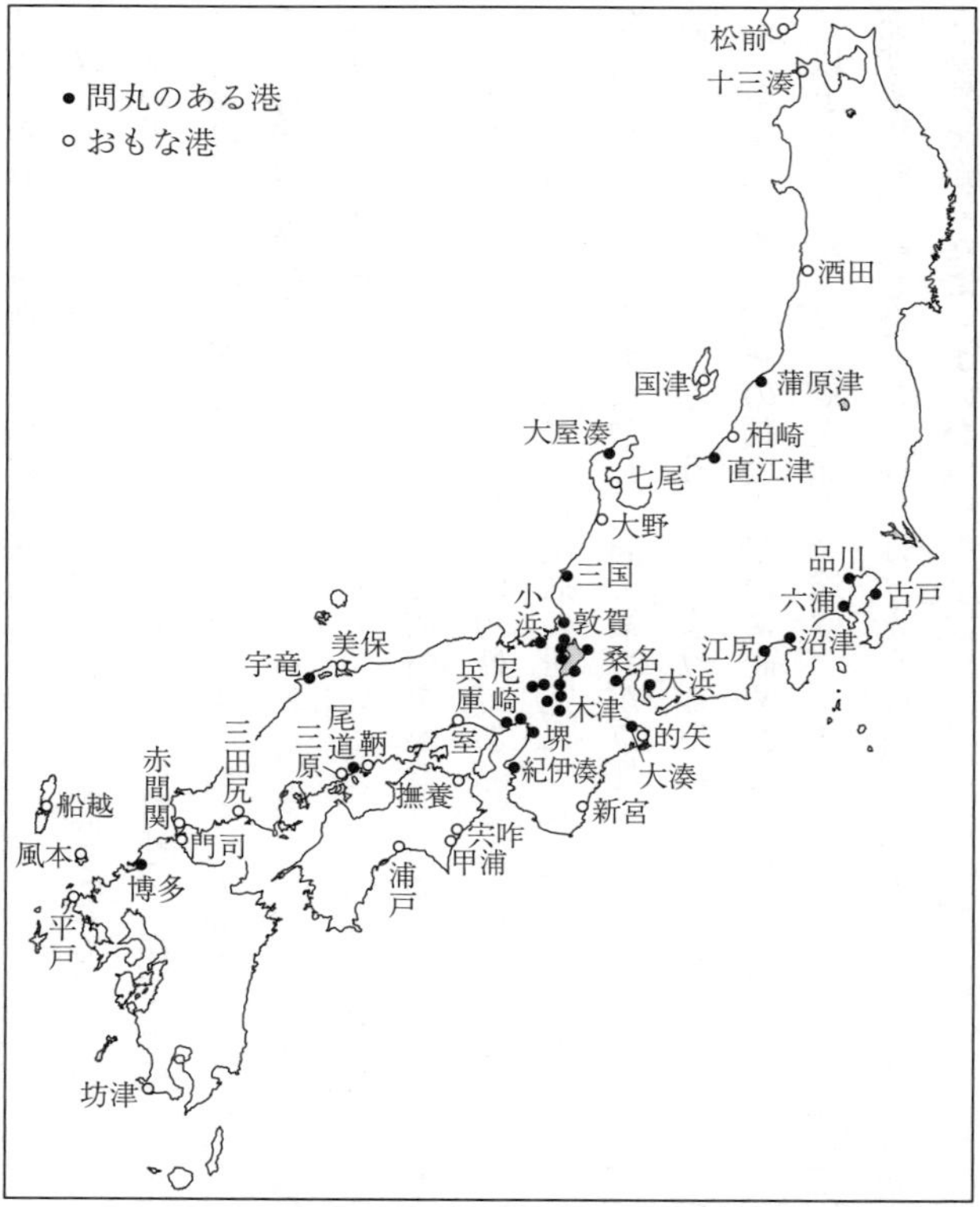

図 34　港と問丸の分布(豊田武 1983 を改変)

のの、それより外側の地域には確認できない。

以上のような経済や交通の発達は、商品の流通とともに、当然のことながらそれに関わる人々の動きをも活発化させたにちがいない。出身地・階層・職種を超えた交流が起こり、そこで行われる行動の種類も増えていった。すなわち、人的接触の頻度の増加、あるいは、その相手や目的の多様化といった変化をもたらした。そして、このような社会環境の変化が、コミュニケーションのあり方をも大きく変えていったことは容易に想像がつく。

商業という営みは、売買によって利益を得る行為であり、そこには売り手と買い手との言葉による交渉が介在する。この交渉が巧妙であることは商売を成功させ、富を築くことにつながったであろう。また、同じく豊田武の研究によれば、室町中期になると「町衆による民主化の運動」が起こり、実力を増した商工業者が京都・奈良・堺といった近畿中央部を中心に自治組織を形成するに至ったという。このような自治組織の登場は、人々の会話による相談や話し合いの重要性を増し、その頻度も格段に高めたと想像される。

以上のように、経済や交通の発達は、コミュニケーションの多様化・活発化をもたらした。交渉や相談、話し合いの活性化は、人々の言語依存性、すなわち、言葉に頼って生活するという姿勢を強めたにちがいない。

こうした理解からすれば、言語的発想法の発達と、経済や交通の発達とは並行関係にあるはずである。その点を確認するには、言語的発想法の「発達地域（＝近畿）」「準発達地域（＝九州を除く西日本、関東）」と、経済・交通の活発な地域（**図33・34**）とを比較してみればよい。一見して、両者には対応関係があることがわかる。すなわち、経済や交通の発達はコミュニケーションの多様化・活発化を介して、言語的発想法の発達に影響を与えていると考えられるのである。

社会組織から考える

ここでもう一つ、社会組織の地域差について見ておこう。前節では中世の町衆による民主化運動とそれに伴う商工業者の自治組織の形成について触れ、それが相談や話し合いといった会話形態の発達に影響したのではないかと述べた。このことは、社会の制度的な側面、特にその民主性がコミュニケーションのあり方を左右する可能性を意味する。そうした点を考えるうえで、社会組織の地域差についても概観しておきたい。

この分野の地域差については、文化人類学者の大林太良が紹介してくれている。それによれば、日本では**図35**のように東西（北南）の地域差が大きい。それぞれの社会組織の特徴は次のよ

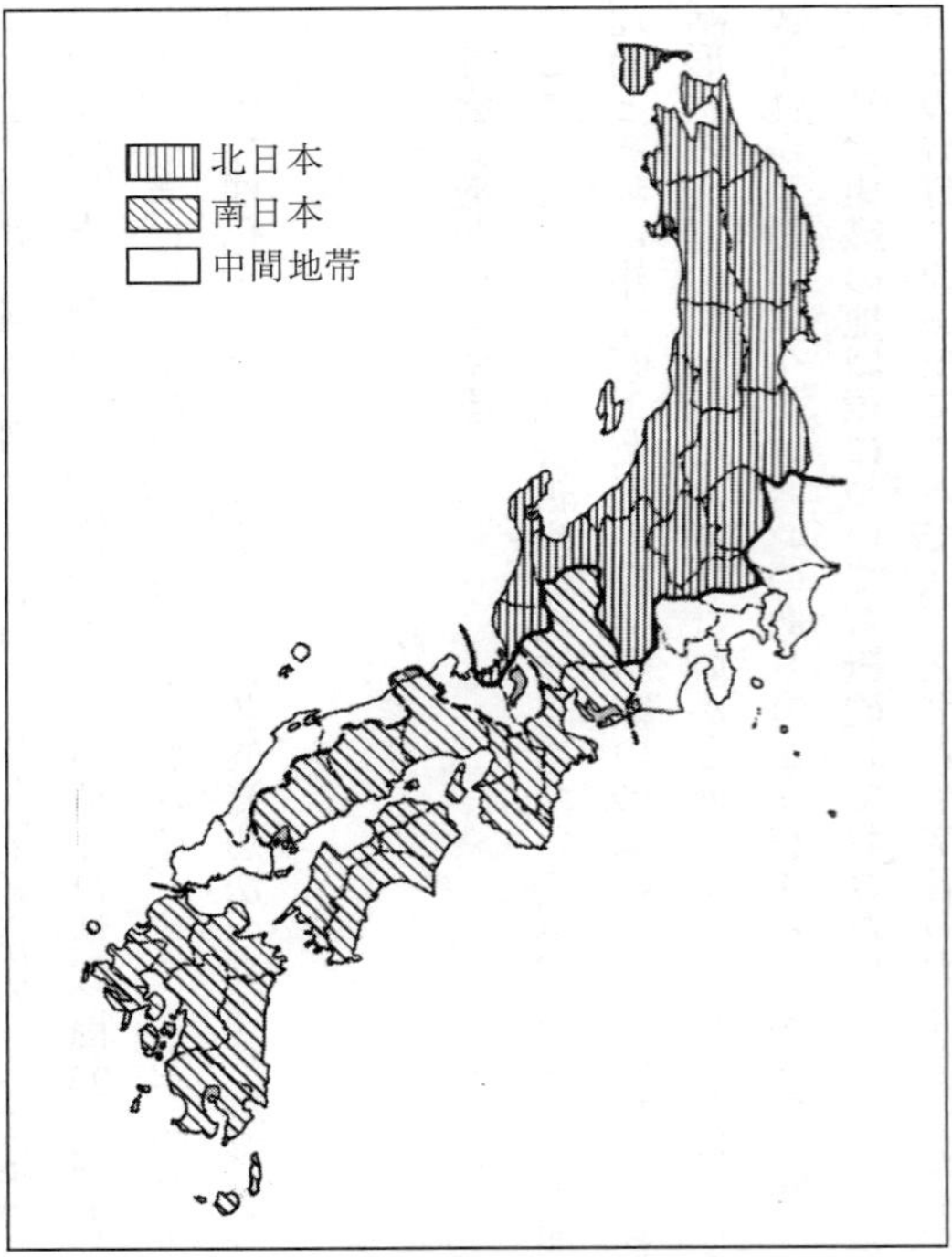

図 35　社会組織における北日本と南日本（大林太良 1990）

うにまとめられる。

北日本(=同族組織型)

単独相続、本分家間・分家間それぞれ序列あり、ムラの代表者決定は世襲的、檀家総代も世襲的。

南日本(=年齢階梯型)

分割相続、本分家間・分家間それぞれ序列なし、ムラの代表者決定は選挙で、檀家総代も選挙で。

大林によれば、「北日本」の「同族組織型」には「本家と分家の間の関係は主従関係に似ている」というように、絶対的な上下の関係が存在するのに対して、「南日本」の「年齢階梯型」には「役員の選出は、家柄、財産、家族、親族関係に顧慮せず、ただ候補者の能力と性質により選ばれる」というような「民主的な原則」が認められる。また、「年齢階梯型」の一変種には「宮座組織(講組社会)」も存在するが、この類型は近畿を中心に見られ、やはり成員の平等性・独立性の特徴をもつという。

さらに、大林はこのような社会組織の背景にある《状況不変のイデオロギー》と《状況可変のイデオロギー》という二つの社会的発想法について述べる。すなわち、《状況不変のイデオロギー》は物事があらかじめ絶対的なものとして決められており、成員の社会的地位も固定的であることを意味し、一方、《状況可変のイデオロギー》は物事の決定が選挙などにより民主的に行われ、成員の社会的地位も可変的であることを意味する。そして、重要なのは、社会類型との関係で、《状況不変のイデオロギー》が「北日本」の「同族組織型」社会に、《状況可変のイデオロギー》が「南日本」の「年齢階梯型」「宮座組織(講組社会)」社会に、それぞれ特徴的だとする点である。

日本史学者の網野善彦によれば、このような社会組織の地域差は中世には成立しており、さらには弥生時代にさえ遡る可能性があるという。大林もこの考えにほぼ同調する。二つの類型の地域差に相当根深い歴史があることはたしかで、両者の前後関係を簡単に決めることはできない。ただ、物事決定の民主性や社会的地位の可変性という点に注目すれば、そうした特徴を示す社会がそうでない社会に比べて、コミュニケーションの変化を促しやすいことはまちがいない。

おそらく、《状況不変のイデオロギー》をもつ社会では、話し合いや相談の必要性が低く、言葉を使って自らの地位を向上させようという意欲も起こりにくかったであろう。一方、《状況可変のイデオロギー》をもつ社会では、話し合いや相談の必要性が高く、言葉を巧みに操ることで成功を勝ち取ろうという姿勢が強く現れたと思われる。民主的か非民主的か、階層の流動性が保障されているかいないか、そうした社会の違いは言葉を使うことの意味付けにも違いを及ぼす。民主的で階層の変動が可能な社会でこそ、言葉の使用は積極的な意味をもつのであり、だからこそ、コミュニケーションも活性化すると考えられる。

実際、大林がある研究会（一九九四年一一月、日本文化研究センター）で語った話では、近畿に根強い「宮座組織（講組社会）」の特徴として、「相談を好み、辻に集まってよく話をする」という点が挙げられるという。これはコミュニケーションの面から見た「宮座組織（講組社会）」の特徴を指摘したものとして注目されよう。

このように見てくると、社会組織の性格は、コミュニケーションの特徴を通じて、言語的発想法のあり方に影響を与えた可能性が高いことがわかる。民主的で社会的地位の可変性をもつ「年齢階梯型」「宮座組織（講組社会）」社会は、近畿を中心とした西日本に展開している。その様子は、言語的発想法が、やはり近畿を中心に西日本に発達していることとうまく呼応するのである。

社会、コミュニケーション、そして発想法

本章では、社会環境のあり方が言語環境の様相を左右したことを見てきた。流動的で活性化した社会であること、あるいはそうした社会への移行が、高頻度で多様なコミュニケーションの実現を促した。そして、そうした新しいコミュニケーションのあり方が、それを支えるための新たな言語態度を要求することとなり、結果として七つの発想法を発達させた。

ものの言い方の地域差は、以上のように社会環境の異なりを根底とした構造的な影響関係の結果として生み出されたものである。つまり、地域間における社会環境の性格の違いが、コミュニケーションの停滞・促進にも作用した。それが言語的発想法の発達を左右し、最終的にもものの言い方の地域差を形成することになったと考えられる。

第10章　発想法はどのように生まれ、発達するか

　ここまでものの言い方の地域差について見てきた。ものの言い方を操る言語的発想法を抽出し、その背後に言語環境や社会環境の地域差があることについても話題にした。それらの点については、一通りの見通しを得ることができたと言える。

　しかし、まだまだ考えるべき点はある。とりわけ、言語的発想法の成立と展開については、さらに論じてみたい問題がある。それらについて、最後にまとめて触れておくことにしよう。

　ここでは、五つの問題を取り上げる。一つ目に都市型社会とものの言い方との関係について、二つ目に言語文化がものの言い方に与える影響について、三つ目に中央語(長く日本の中心であった奈良や京都・大阪など近畿中央部の言語)の歴史との対応についてである。そして、四つ目に

発想法の地域差がどのように形成されてきたかという方言形成の問題を、五つ目に発想法の発達が向かう方向性の問題を取り上げる。

以下、順番に述べていこう。

都市型社会とものの言い方

言語的発想法は社会環境のあり方に裏打ちされるかたちで成立した。その社会環境とは、たくさんの人々が多様な目的をもって生活し、経済活動が盛んで交通網も発達しており、状況可変のエネルギーに溢れている状況を指す。

ところで、そうした社会のあり方は、見方を変えれば都市的な社会環境と言ってもよいものかもしれない。つまり、人口の集中や商業・交通網の発達は都市に特徴的な現象である。状況の可変性も都市的な社会にあてはまる性質と言える。そうすると、複雑化や活性化の進んだ社会であることは、都市型社会であることとほぼ同義ということになる。

一方、これとの対比で、人口が少なく似たような人々が限定的な目的をもって生活している社会、経済活動が不活発で往来も頻繁でなく、状況可変の力学が働きにくい社会は「農村型社会」ということになるだろう。都市での生活と農村での生活を想像してもらえば、それぞれの地域における言語生活が大きく異なることは容易に理解できる。農村型社会に比べて、都市型社会ではコミュニケーションの頻度が高く、その内容も多様であることは経験的にも納得できるはずである。

ところで、言語的発想法の背景にある社会環境を都市的なものととらえ直すことは、次のような問題を提起する。つまり、本書ではここまで「地域差」について、東北や近畿、あるいは東日本や西日本といった大まかな見方で説明してきた。しかし、それを規定する要因が都市化という社会環境に求められるとすれば、それぞれの地域の内部にも、都市化の程度に応じたものの言い方の違いが認められるのではないか。

実際、西尾純二は、恩恵に対する反応の仕方に、東北・関東・関西という地理的な地域差のほか、「都市部」対「農村部」という社会的な地域差が見られると指摘している。また、中西太郎によれば、青森・秋田の挨拶表現において、行き先を尋ねたり、天気を話題にしたりする非定型的な表現から、「オハヨー」を主体にした定型的表現への移行が、都市部では進み、非都市部では遅れるという現象が観察されるという。こうした現象の指摘は、その背後にある言語的発想法についても同様の社会的地域差が存在することを示唆する。

このことはまた、ものの言い方の地域差を論ずる際に、東西差や周圏的対応など日本列島をマクロにとらえる視点のみでなく、都市化の程度を基準に細かく地域差を分析するミクロな見方も必要となることを意味する。

なお、言語的発想法の地域差について述べた際、東日本の中で唯一、関東(特に東京)が西日本と類似の傾向を示すことを指摘した。この類似には、都市化という共通の要因が大きかったことが考えられる。すなわち、関東は人口の集中度も高く、経済や交通の発達も早かったため、七つの発想法が活発化する素地は十分備えていたはずである。そして、何よりも近世以降に起こった急激な都市化が、それに拍車をかけるように、発想法の発達を強力に推し進めたと想像される。

ただ、各章で触れたように、東京と大阪を比較した谷崎潤一郎は、定型性や加工性、演出性などの面で東京は大阪に及ばないという趣旨の発言をしていた。実際いくつかの事例がそうした見方を支持している。これは、今や大阪を凌ぐ大都市となった東京であっても、言語的発想法の面では、いまだ大阪ほどには至っていないということを意味する。

この東京と大阪の差はどこから来ているのか。政治都市・商業都市というもともとの性格の違い、あるいは、流入する人々の出身地の違いなどは大いに影響がありそうである。また、多くの都市群に囲まれている大阪に対して、東京が周囲から孤立的であることも関係があるかもしれない。ただ、最も重要な違いは、都市化に要した時間であろう。すなわち、東京は、江戸以降の都市化のスピードがあまりにも速かったために、発想法の変化が十分追い付いていない状態にあるのではないか。大阪はそれに比べると都市化の歴史が古く、言語的発想法をじっくり醸成するだけの時間が備わっていた。言語的発想法は都市化によってただちに形成されるものではなく、社会環境の変化に呼応しながら長い時間をかけて発達するものと考えるべきであろう。

言語文化が与える影響

都市というものの性格をあらためて考えてみると、それは単に人口が集中し、経済や交通が活発な地域というだけではなさそうである。すなわち、都市は狭い意味での「文化」の栄える場所でもあった。言語芸術として能や狂言、浄瑠璃や歌舞伎が演じられる。歌会が催され、俳句や川柳が詠まれる。草紙や戯作などさまざまな読み物も作られる。都市に暮らす人々はそうした芸能や文学を享受する機会をもち、自らその制作者となることもあり得た。

このような言語文化との接触は、都市の住民たちの、言葉に対する感覚を鋭敏なものへと変えていった。気の利いた言い回しや凝った演出、定式化された言葉遣いと、ここぞとばかりの決めぜりふ、その他さまざまな表現の妙を、都市の生活者はその道の専門家から吸収することができた。それらの表現を覚え真似することで、都会人は自然とものの言い方のセンスを磨き上げていった。

関西の人々の中には、自分たちの話し振りの特徴について、子供のころから慣れ親しんできた吉本新喜劇の影響だと自覚する人たちがかなりいる。何しろ関西の子供たちにとっては、土曜日に学校から帰ったら、お昼ご飯を食べながらテレビで吉本新喜劇を観るのが一般的な過ごし方と言われるくらいである。もちろん、それればかりではないはずだが、言語文化との接触という点ではさもありなんと思わされる。この吉本が時代ごとに春団治であっても藤十郎であってもかまわない。そうした言葉達者が数多く存在し、そのもの言いに触れる機会をもつことは、それらの人々から高度な表現法を指南されるに等しい効果を都市の住人に与えたにちがいない。

こうした芸能や文学への参加は、ものの言い方のシステムを性能アップするのに一定の貢献を果たしたであろう。前の章では、言語的発想法の発達の要因をコミュニケーションの複雑化・活性化に求めてきた。それは一次的な要因であり、その対応のために旧来の状態を変えなければいけないような根本的な理由と言ってよい。それに対して、芸能や文学からの影響は二次的な要因であり、言語的発想法の更新を支援する副次的な要素として作用したと考えられる。

ともあれ、そうした言語文化の受容の機会は、農村部ではなかなか得ることができなかったはずである。それは、都市部に生活する人々のいわば特権の一つであった。ものの言い方の地域差の背景に都市と農村という地域差が存在するならば、このような言語文化との接触度の違いにも目を向ける必要があるだろう。

ところで、言語文化を栄えさせ、それを市民に享受させる都市の力は、商工業の発達に伴う富の蓄積によるところが大きい。経済的な余裕が、芸能や文学へと都会人の関心を導いた。その点では、経済活動の盛んな地域と言語的発想法の発達地域とが重なることは、なおさら頷ける一致であると言える。

そうした都市の財力は、いわゆる教育の面にも注がれた。近世には寺子屋が発達し、手習い・稽古事などを通じて日常的に言葉遣いのしつけが行われた。このことは、芸能や文学の受容とはまた別の側面から、都市に暮らす人々の言語的な教養やたしなみを作り上げていった。こうしたこともまた副次的な要因として、都会人の言語的発想法を鍛え上げるのに一役買ったと思われる。

こうした教育の成果の一つの指標となるのが識字層の広がりである。文字の読み書きが可能な人々は、そうでない人々に比べて言語的な教養に優れ、言葉遣いにも敏感であった。言語文化の受容においても、文字を扱えることはたいへん有利であった。識字層の広がりは、言葉そのものに対する人々の関心を高め、それが言語的発想法の発達にもプラスの影響を及ぼした可能性が高い。

識字層の広がりについてはこんな研究がある。八鍬友広によれば、明治初期の自署率(自分の名前を書ける人の割合)は、**表8**に示すように地域によって大きな違いが見られる。滋賀(近畿)が最も高く、岡山(中国)と群馬(関東)がそれに次ぐ。青森(東北)と鹿児島(九州)はそれらに比べるとかなり低い値を示している。この自署率は、各地域の識字層の広がりを代弁するものとみなすことができる。また、明治初年のデータであることは、近代の教育の成果が現れる以前、つまり、近世における識字層の分布を示すものと解釈してよいということ。

表8　明治初期の自署率の地域差(八鍬友広 2003を改変)

県　名(年　次)	男　子	女　子	全　体
滋賀県(1877年)	89.23%	39.31%	64.13%
群馬県(1880年)	79.13%	23.41%	52.00%
青森県(1881年)	37.39%	2.71%	19.94%
鹿児島県(1884年)	33.43%	4.00%	18.33%
岡山県(1887年)	65.64%	42.05%	54.38%

この近世における識字層の地域差が、言語的発想法の地域差ときれいに対応することは、やはり偶然ではあるまい。すでに述べたように、文字を習得することは同時に言葉遣いへの関心を高めることでもある。識字層の広がりが、言語的発想法の発達を促す一つの要因となったと

想像することは、決して難しくはない。

なお、八鍬は、識字層は商工業を営む人々に顕著であり、そうした人々が住む都市の存在が識字層の拡大を先導したとも述べる。ここでもまた、都市型社会と言語的発想法との密接な関係が浮き彫りになってくる。

中央語における発想法

方言の地域差は、中央語の歴史と関係のあることが知られている。したがって、ものの言い方の地域差についても、中央語における変遷が大切な手がかりとなる。本書が対象とする表現法や言語行動の歴史はまだ研究の日が浅いが、そこで明らかにされつつあることを、いくつか簡単に紹介してみよう。

〈朝の挨拶〉朝専用の挨拶はもともと中央語にはなかった。最初、時間や状況にかかわらず、さまざまな出会いの場面で使える「早い」という趣旨の表現があった。それが、近世以降、「早い」の実質的な意味を失い、形も固定した「オハヨー」が発生し、朝専用の挨拶として勢力を拡大していった(中西太郎による)。この変化は、本書で言う「定型化」や「分析化」に該当するものである。

〈入店の挨拶〉店に入る際には、購入の意図を告げるのが古いスタイルであり、中世後期には、入店の目的を直接的に「買ウ」と宣言する言い方が行われていたらしい。それが、近世になって、「御免クダサイ」「コンニチワ」などといった間接的・慣用的な挨拶に交代していった(小林隆による)。この変化は、「定型化」や「加工化」に当たるものと言える。

〈失敗の感動詞〉最初、失敗場面専用の形式はなく、驚き全般を表す「アリャー」などが使用されていた。しかし、中世後期になると痛みと共有の形式「アイター」が使われるようになり、さらに、近世に至って慣用性の強い失敗専用の「シモータ(シマッタ)」が登場してくる(澤村美幸による)。こうした変化は、「定型化」や「分析化」の歴史を物語る。

〈依頼の表現〉『平家物語』には、「理をまげて(＝無理を言いますが)」「しかるべう候はば(＝できましたら)」などといった現代語の前置き表現の萌芽が観察される。このような前置き表現の発達は、中世以前には見られなかったもので、その後の配慮表現のシステムの強化につながった(高山善行による)。これは、本書で言う「配慮化」の一つの現れとみなされる。

〈感謝の表現〉感謝の言い方は、中古における「自分の感情の表明」(カタジケナイ)という段階から、中世の「相手の行為に対する評価」(アリガタシ・リョガイナ)の段階を経て、中世末期の「相手に対する思いやり」(ミョウガナイ・モッタイナイ)の段階へと至る。近代以降、謝罪表現「スミマセン」が感謝表現へ転用していく現象も、対人的な配慮をより手厚く表現しようとするものである(田島優による)。これも本書の「配慮化」の流れに該当する。

以上のように、断片的ではあるものの、いくつかの表現の変遷に「定型化」「分析化」「加工化」「配慮化」といった傾向性が観察される。これは、中央語の歴史においても、言語的発想法の発達が起こっていたことを示唆する。中央語の本拠地である近畿中央部は、現代では最も言語的発想法が発達している地域である。それが、歴史を遡ってみると、右の事例のように最初からそうだったわけではなく、次第にそうした傾向が強まっていったことがわかる。

そうなると、言語的発想法の発達が、中央語の歴史ではどのように進んできたのか、さらに探ってみたくなる。地域ごとの発想法の違いに注ぐまなざしを、時代ごとの言葉の志向や好みに向けてみると、どんなことが明らかになるのだろうか。

そんなことを考えるヒントを、実は、阪倉篤義がすでに用意してくれている。阪倉は主に文法現象の歴史をもとに、日本語の表現が中世を境に古代語から近代語へと移り行くなかで、

「情意から論理へ」「未分化から分析へ」という傾向を明確化させていったと指摘する。また、そうした変化が、「心情的な連帯感によってむすばれていた、閉じられた社会から、さらに開かれた社会へと、コミュニケーションの場が拡大するなかで、事実の正確な伝達を行うと同時に、また、意志的・行動的な時代の能動的思惟をも表現する」という「時代の精神」の要求によって引き起こされたとも述べている。

阪倉の考えのポイントは、コミュニケーションのあり方の変化を言葉の変化に結び付けようとした点にある。地域差の説明で有効だった社会的視点が、時代差の説明にも生きてきそうである。おそらくこの指摘は、文法現象だけでなく、本書が対象とするような言語運用面の歴史にもあてはまる可能性が高い。いや、むしろ文法面よりも、ものの言い方の変遷を説明する原理としてこそ役立ちそうに思われる。

阪倉の考えを手がかりに、ものの言い方の歴史や、その背後にある言語的発想法の変遷について考えてみるとおもしろいだろう。

発想法の方言形成

言語的発想法には、地域差とともに時代差も存在する。ということは、地域差と時代差の関係がどのようになっているのか、次なる興味が湧いてくる。

先の節で見た事例を振り返ってみよう。朝の挨拶において、実質的な「早い」という言い方から定型的な「オハヨー」が成立する様子は、第2章で取り上げた図5の方言地図でも追跡できる。日本列島の周辺部にある言い方が、中央部にある言い方より古い状態を反映するという方言周圏論からすれば、オハヨー類より、その外側に位置する早イネ類の方が古く、早イネ類のあとにオハヨー類が広まったと推定される。

同様に、入店の挨拶で古態を示す「買オウ」の類は、図10に見るように東北を中心に分布し、「御免クダサイ」や「コンニチワ」より周辺的に位置する。また、失敗の感動詞は、古い段階の「アリャー」(図6では「その他」に含めた)が東日本に多く、中国地方の内陸部にも目立つのに対し、新しい段階の「シモータ(シマッタ)」が近畿を中心に西日本に分布しており、方言からも「アリャー」が古く「シモータ(シマッタ)」が新しいと解釈される。さらに、感謝の表現についても、中央語に見られる配慮化の方向性は、方言分布にもある程度反映していると考えてよさそうである。

このように見てくると、中央語の変化と方言の分布とが対応関係にあり、中央語の変遷を方言が反映したかたちになっていることがわかる。この点を手がかりに、もう少し踏み込んで考えてみよう。
まず、先にいくつかの事例を概観したところでは、中央語の変遷において表現法に顕著な変化が生じてくるのは、大体中世以降の時期である。ということは、言語的発想法も中世を画期に、その後の発達が著しいとみなすことができる。そこで、中世以降を「近代」、それ以前を「古代」と大まかにくくり、簡単にまとめると次のようになる。

言語的発想法が発達した時代　＝「近代」
言語的発想法が未発達な時代　＝「古代」

一方、言語的発想法の地域差は、第8章の結論をより簡略化して示すと次のとおりである。

言語的発想法が発達傾向を示す地域　＝「近畿を中心とした西日本、および関東」
言語的発想法が未発達な状態の地域　＝「関東を除く東日本と九州・沖縄、特に東北」

以上から、もし、中央語の歴史を方言の地域差が反映しているとすれば、次のような対応関係を描くことができる。

近畿を中心とした西日本、および関東 ↓ 中央語の「近代」的状態と対応
関東を除く東日本と九州・沖縄、特に東北 ↓ 中央語の「古代」的状態と対応

それでは、このような対応関係はどのようにして生まれたのだろうか。
まず、中央語の言語的発想法が、歴史的に周囲に広まっていったと考えるのが自然である。「近代」以降、中央で発達した発想法が、近畿を中心に西日本に拡散・定着するとともに、関東にも伝わった。一方、関東以外の東日本や九州以南は、そうした中央語の発想法が十分普及せず、とりわけ東北は中央語の影響から取り残された、という考え方である。

この場合、言語的発想法の発達と社会環境の複雑化・活性化とが表裏一体のものだという前提に立てば、社会環境の変化が中央から地方へと拡大し、それに伴って言語的発想法も周囲に伝播したと考えることができる。中世以降の、経済活動や交通などの発達がとりわけ近畿を中心に起こったとすれば、どこよりもまず近畿で新たな言語的発想法が生み出され、それが周囲に広まっていったという過程が想像される。

もちろん、発想法のような〝考え方〟や〝思考〟がそもそも伝播するのか、という根本問題は残る。しかし、考え方や思考も社会的習慣である以上、それが伝播しないとみなす方が不自然であろう。宗教や俗信、倫理や規範など、精神面の文化が人から人へと伝わるように、言葉の発想法もまた伝播によって広まるということは不思議ではない。

また、現実的には、抽象的な発想法のみが伝播するわけではなく、具体的な表現形式や行動様式が発想法とセットになって伝わったはずである。例えば、「定型性」という発想法の伝播には、「オハヨー」や「シマッタ」という具体的な決まり文句が伴っていたであろう。同様に、「配慮性」という発想法には、人にものを依頼するときには「無理を言いますが」「できましたら」などと前置きをするのがよいという実例が付随していたと思われる。地域の人々は、そうしたさまざまな事例の受容を通して、中央からの新しい発想法に親しみ、それを吸収していったと考えられる。

ただし、言語的発想法の伝播は、単語や文法形式でそう思われているような、日本語を話す地域ならば、基本的にどこまでも伝わるという性格のものではない。すでに述べているように、言語的発想法の発達の根底には都市的な社会環境がある。したがって、そうした社会環境への移行が進んでいない地域にとっては、新しい発想法は必要性に乏しい。そのため受容もなされにくく、十分根付くこともなかったであろう。東日本(特に東北)や九州以南に言語的発想法の未発達な状況が見られるのは、それらの地域で都市型社会の形成が遅れたことが、根本的な原因であったと見るべきである。

もっとも、言語的発想法の地域差の成立を、すべて中世以降の伝播による「近代」的な現象とみなすのは早計かもしれない。先に見たように、弥生時代に遡る可能性のある人口密度や社会組織からの影響は、中世以前からじわじわと、ものの言い方に及んでいた可能性がある。そうした点で、近畿を核とする西日本は、そもそも七つの発想法が生まれやすい土壌を有していたのであり、「古代」においても、すでにそうした発想法が醸成されつつあったのではないかと思われる。ただし、この地域で、七つの発想法が明確化するのに決定的な役割を果たしたのは、あくまでも右で述べたような商工業の活発化や交通の発達といった「近代」的な社会環境の獲得であり、それを下地に言語的発想法も強力な広まりを見せたと考えられるのである。

発想法の発達とその方向性

言語的発想法は一定の方向に発達する。例えば、「客観性」については、本来、主観的なものの言い方の段階があり、それが客観的な話し方へと移行していく。それを「客観化」と呼ぶ。

ここまで、このように考えて話を進めてきた。

しかし、この考え方ですべての状況を説明できているのだろうか。客観化の方向とは逆に、主観的なものの言い方をより強める方向での変化は、本当に起こらないのか。あるいは、定型化や加工化といった発想ではなく、型からの逸脱や直截な表現が強化されることはないのか。言語的発想法が未発達であることを消極的にとらえるのではなく、それが、逆方向の発達の可能性を秘めたものだと受け止めることはできないであろうか。最後に、こうした問題について考えてみたい。

さて、筆者の頭の中にあるのは、東北方言におけるオノマトペや感動詞の豊かさである。このうち、オノマトペについてはすでに第4章で取り上げた。東北方言はオノマトペが豊富であり、状況に応じたバリエーションの生産性も高い。これは、東北で現場性重視の直接的な現象描写が好まれることの一つの現れと言える。

感動詞については第5章で話題にしたが、NHKの二〇一三年度連続テレビ小説「あまちゃん」で有名になった「ジェ」をはじめ、東北にはたしかに注目すべき感動詞が多い。なかでも、三陸地方などで用いられる感動詞「バ」のバリエーションはすさまじい。繰り返しや引き伸ばしといった変形に加え、イントネーションの調整、力みや呼気の付与、スピードの調整等、多種多様な〝声の技〟によって感情の細かなひだが表現される。宮城県気仙沼市で行った調査によれば、「バッ」「バー」「バババ」「バーババ」「バーバーバーバー」など、文字で表記できるだけでも三〇種類もの形態が観察される。

こうした豊富なバリエーションを目の前にすると、その自由奔放ぶりに驚くばかりである。そのときどきの場の感情に応じてさまざまな形が作り出される。「バ」という一定の形の概念は話者の頭の中にあるとしても、それが口から飛び出すときには、実に勝手気ままな姿を帯びる。その生産性の高さの背景には、もしかしたら、言葉としての型意識の希薄さがあるのかもしれない。暴れまわる多様な感情を言葉という型に押し込め成形する操作、つまり、言語レベルでの制御をほとんど行わないとも言える。逆に言えば、話者の感情を即興的に言葉の上に解放してみせるところに、この方言の表現上の特色が認められるのではないかと思われる。

東北方言は、オノマトペや感動詞が豊かである。こうした現象は、言語的発想法の発達という観点からすれば、加工性や客観性が極めて弱い段階に当たり、これから加工化や客観化に向けて変化が起こるスタート位置にあることになる。しかし、見方を変えれば、そのような状態は、加工性や客観性とは逆の方向、つまり、直接性や主観性を強化する方向への発達を遂げたものであると考えることもできる。すなわち、西日本の方言などは、直接的な表現や主観的な言い方を制限する方向への動きを強めたが、東北方言では、むしろ、現実味のある描写や多様な感情表出のために、オノマトペや感動詞を発達させた可能性があるのではないかということである。

ものの言い方のシステムは、機械に喩えれば発話装置のようなものである。言語的発想法の発達は、この装置のレベルアップを意味する。回路を複雑に張り巡らし、たくさんのプログラムを稼働させることで、高度なものの言い方を生み出していく。しかし、それは裏から見れば、真の自己を押さえつけることになる。生の自分を素直に表現することを制限することと言ってもよい。装置化されていない東北方言は、この点、ありのままの自分をさらけ出すことに勝っている。複雑な装置を通さない分、思ったり、感じたりしたことがそのまま表現される。この特質が、感覚や感情の表出におけるオノマトペや感動詞の発達につながったとは言えないだろうか。

本書の第5章で、自己と話し手の分化という問題を取り上げた。この観点から見れば、次のようにも言える。すなわち、東北方言においては、言葉は、それを語る存在として設定された「話し手」から表現されるのではなく、「自己」そのものから発せられる。見たことや感じたことを、いったん発話装置の回路をくぐらせてから外に出すのではなく、それ以前の段階で、生身の自分から一気に放出するような感覚が近いかもしれない。この点で、東北方言は身体と不可分の存在であり、あたかも身体がじかに言葉を発するような躍動感や即興感に優れている。いわば、「身体化された言語」とでも呼ぶべき性格を備えているのである。

また、発話が「自己」から切り離されないということは、会話の場の外に「話し手」としての自分を置かないということでもある。つまり、会話の現場に自分が取り込まれた形で表現が行われる。このことは、表現と現場の密着性を東北方言にもたらしている。つまり、東北方言は会話が交わされるその場から、現実味のある表現を行うことに長けている。これを称して、「現場的リアリティの言語」と言ってもよいかもしれない。

東北方言は、以上のように身体化された言語という性格が強く、現場的リアリティを重視するという性質ももつ。そして、そうした特質が、実際の言語においては、オノマトペと感動詞の発達となって姿を表している。これは、「加工化」や「客観化」とは逆方向への変化であり、本書が描いた言語的発想法の発達の方向性とは相容れないものである。しかし、こうしたオノマトペや感動詞の隆盛が能動的に作り出されたものだとすれば、そこには中央や西日本の人々とは異なる、東北人なりのものの言い方の志向が強く働いたとみるべきであろう。

社会環境の近代化・都市化の遅れは、東北を文化的に一つの独立世界として放置した。その結果、中央的・西日本的な言語的発想法は東北に容易に入り込むことができず、また、十分育つこともなかった。そのような状況の中で、東北人はオノマトペや感動詞の発達に象徴される独自の言語的態度を身に付けていった。

もし、こうした考えが正しいとするならば、ものの言い方の変化に関するベクトルは、ここまで述べてきたような一方向のみに向いているとは言えないことになる。言語的発想法の発達をめぐる議論において、この点は大きな課題として残る。

終章　ものの言い方を見る目

「方言」として見る目

仙台のデパートの物産市で、関西のわらび餅屋が出店していた。売り手の若い男性は、明らかに関西弁をしゃべっている。年配のお客にも「おネエさん！」と声をかけ、終始、話し続けている。手を動かしつつも、沈黙がない。一方、行列を作っているおばさんたちは、声をかけられてもぴくりとも動じない。愛想にたいして愛想で返すようなことはしない。黙って順番を待っている。自分の番がきても、注文以上のことは言わない。

全国を回る行商人は、経験上、各地のお客の反応を心得ているだろう。心の中では、「仙台のお客は反応が悪いなあ」などと思っているに違いない。他方、お客のおばさんはおばさんで、

「この関西弁のお兄さん、うるさいくらいによくしゃべるよ」と感じているはずだ。

このように、現代人の私たちにとって、他の地域のものの言い方に触れる機会はけっこうある。しかし、それが「方言」の違いだ、と理解するには至らない。「行ガネ」は東北弁で、「行カヘン」は関西弁、これは「方言」の違いだ。捨てることを、「ナゲル」(東北)、「ウッチャル」(関東)、「ホカス」(関西)、「ウシツル」(九州)のように言うのも「方言」の問題である。そこまではわかってもらえる。だが、本書で取り上げた話し振りやものの言い方のことになると、それが「方言」だと、すぐさま納得してくれる方は少ない。言葉の地域差が「方言」である以上、発音から単語、文法、そして、ものの言い方に至るまで、言葉に関するものはすべて「方言」なのである。しかし、この点がなかなかわかってもらえない。

ものの言い方が、なぜ「方言」だと認識されにくいのか。それは、一つには、ものの言い方や話し振りといったものが、発音や単語、文法などと比べて漠然としすぎていて、意識にのぼりにくいからであろう。そのため、本書ではそうしたものの言い方の地域差を、具体的なデータで客観的に示すことを試みた。

また、もう一つには、ものの言い方の違いが、地域差よりも、個人差に還元されて考えられてしまうからでもある。つまり、その人の話し振りは、その人の個性と結び付けられやすい。

もっと言えば、その人の人格がものの言い方に表れていると思われがちである。もちろん、ものの言い方に個性が絡むことを否定するつもりはない。そこが、単語や文法と異なることも承知している。しかし、本書が示したように、ものの言い方にも明らかに地域差、つまり「方言」が存在する。自分の周囲の人たちの話し振りを個性と決め付ける前に、待てよ、この人の出身地はどこだろうかと、一瞬立ち止まってみることが必要である。

ある東京出身の女性と大阪出身の男性が見合いで結婚したが、すぐに離婚してしまったという。二人は、お互いの話し振りに、どうしても付いていけなかったそうだ。これは実際にあった話である。もしもこの二人が、ものの言い方の違いを「方言」だと理解していたら、そういう結末にはならなかったかもしれない。

ものの言い方には地域差が存在する。日本中どこでも同じわけではない。そのことに気が付けば、無用のコミュニケーション摩擦は避けることができる。本書は、そうしたことをみなさんに知っていただくための、一つの手がかりになるのではないかと期待する。

多様な価値観とともに見る目

「男は黙ってサッポロビール」。一九七〇年、三船敏郎を起用したこのキャンペーン広告は、一世を風靡した。三船のキャラクターもさることながら、「黙って」というところが男らしさをアピールする。

このキャッチコピーの作者、秋山晶は東京の出身である。「黙って」という発想は、秋山が東日本の人だから頭に浮かんだものではないか。もし、秋山が関西育ちなら、このようなコピーを作っただろうか。そもそも、この広告は、東日本と西日本で、受け止められ方に違いはなかったのだろうか。

黙る、しゃべらない、という言語行動が、男らしいと好意をもって迎えられる。しかし、それが日本中どこでもそうなのか、疑ってかかる必要がある。「無口」と「おしゃべり」、そういった話し振りに対する評価は、全国一様ではないはずだ。こちらの地域では評価される、あるいは、普通だと思われている言い方が、あちらの地域ではよく思われない、ということがあるかもしれない。

そもそも、評価以前の問題として、ものの言い方を意識すること自体に地域差がありそうだ。ある地域ではものの言い方をずいぶん気にするが、別の地域ではそうでもない。こちらの地域は、話のしかたにうるさい人が多いが、あちらの地域はそんなことに目くじらを立てる人は少ない。そういったことがあるのではないか。そして、予想としては、言語的発想法の発達している地域ほど、ものの言い方に対する意識も高いと思われる。つまり、東日本より西日本、そして、西日本の中でも近畿は特にものの言い方を気にする人たちが多いであろう。

ところで、近年、消えゆく方言の保護・継承ということが叫ばれている。共通語化によって、各地の方言が消えつつある。方言は地域の貴重な文化なのだから、後世に伝えていかなければいけない、という主張である。この主張に従えば、各地のものの言い方は大切にされるべきである。なぜなら、ものの言い方も方言であり、地域の文化だからである。

ただ、難しいのは、ものの言い方は礼儀やたしなみの問題として、しつけや教育の対象とされる点である。感情をストレートに口にする、過度にウケをねらうなどといったものの言い方は、ときとして、わきまえを知らない、節度のない行為として人の目に映ってしまう。あるいは、挨拶が奨励されている現代、挨拶らしい挨拶をしないという慣習は、改善すべき対象と受け止められるであろう。

ものの言い方の地域差を大切にするといっても、現代人のこうした価値観や規範意識があるかぎり、なかなか難しい。しかし、「メンコイ」や「ハンナリ」は味わい深い言い方だから残しておこう、でも、ものの言い方は変えていかなければいけない、というのはある種のご都合主義である。方言は総体として存在する。発音も単語も文法も、そしてものの言い方も揃っていてこそ、その土地の方言と言える。もし、そのうちのどれかの要素、例えばものの言い方が変えられてしまえば、方言の他の側面もそれと連動して、一気にその土地らしさを失っていく恐れがある。

この問題は、保護・継承と教育・しつけとの狭間にあって、簡単には結論が出せない。ただ、一つの価値観や基準でものの言い方を強引に変えていこうとすれば、それは地域文化の衰弱につながることは確かである。

「文化」の中で見る目

ものの言い方は地域の文化である。では、ものの言い方は、それ以外のさまざまな文化の要素と、どのように関わっているのだろうか。

そうした問題を考えるときに、「県民性」ということがまず頭に浮かぶ。人々の性格や好み、行動のしかたなどについて日本国内に地域差があるという話である。この分野の草分け、祖父江孝男の『県民性』では、世間一般で言われる県民性が、例えば次のようにまとめられている。

青森・岩手(さらには東北一般)――内向的、ひっこみじあん、陰気、保守的、粘り強い

大阪――がめつい、しぶちん、功利的、活動的、ど根性、創意工夫がうまい、ユーモアに

富む

熊本――質実剛健、強情、イッコク、きまじめ

もちろん、これらがそのまま、ものの言い方と直結することはないだろう。ただ、まったく関係がないとも言い切れない。青森・岩手の「内向的、ひっこみじあん」は「口に出して言わない」という特徴と関係がありそうだ。大阪の「創意工夫がうまい、ユーモアに富む」は、加工性や演出性という発想法と結び付くかもしれない。逆に、熊本の「質実剛健」は、直接的で演出を好まない話し振りにつながりそうである。ものの言い方の地域差と、各地の人々の性格・行動の特徴には関連性があると見てよいのではないか。

ものの言い方は、その背後に言語的発想法を潜ませている。その発想法は、人々の性格、すなわち、物事に対する志向や好みに影響を受けるであろう。また、ものの言い方は、人間の行動様式の一種でもある。言葉を使った行動が、それ以外の行動と何らかの共通性をもつということは不思議ではない。

ものの言い方は、言葉だけの問題にとどまらない。地域の人々の性格や行動様式と深く関わり、それと一体となっている。

それでは、人々が作り出したもの、つまり、モノの文化とものの言い方との関係はどうだろ

うか。例えば、仏像の様式の地域差について、こんな研究がある。久野健によれば、仏像には貴族的で洗練されたもののほかに、「ナタ彫り」と呼ばれるノミのあとを残した荒削りなものが存在する。そして、そうした仏像が好まれ、多く生産されたのが東日本、特に、関東・東北地方であるという。

繊細で手の込んだ西の仏像と、簡素で素材を露わにした東の仏像。こうした仏像の地域差を、本書で見てきたものの言い方の地域差と重ねてみたくなるのは筆者だけだろうか。料理や衣服、歌や祭りの特徴にも思い当たる節はある。もちろん、両者の関連付けは慎重でなければならない。しかし、ものの言い方を、さまざまな文化の要素と比較してみることは興味深い。そのとき、ものの言い方の説明原理である七つの発想法は、他の文化的要素に対しても、それを観察する有効な視点となるだろう。そうした比較の作業によって、もしかしたら、ものの言い方を含めた、地域文化のスタイルといったものが抽出できるかもしれない。

言葉の世界から取り出して、広く「文化」という視野の中に置いてみる。それがものの言い方の地域差をより深く理解するために、有効な手段であることはまちがいない。

さて、最後にきて、風呂敷を広げすぎたようだ。この話の続きは、準備を整えたうえで、まためてみなさんに聞いていただくことにしよう。

あとがき

『ものの言いかた西東』、最後までお読みくださり、ありがとうございました。

いかがでしたでしょうか。ものの言い方を見る目が、少しは変わったのではないでしょうか。なるほど、これは地域差だったのか、と膝を叩いてくださる方々がどのくらいいらっしゃるか、みなさまの反応が楽しみです。

なかには、この本を読んだせいで、周囲の人たちの話し方が気になってしかたがない、という方も出てくるかもしれません。そうなれば、本書の目的は半ば達成されたと言えます。ものの言い方に関心をもってもらい、そこに地域差があることを知ってもらいたいというのが私たちの願いだからです。個性と決めつけず、方言として見る、そんなまなざしが育ってくれるといいと思います。

ものの言い方への関心は、研究の世界でも新しい興味に属します。ましてや、その地域差の研究ということになると、まだほとんど手つかずの状態です。本書はそうしたところに一気に切り込み、ものの言い方を方言としてとらえるための視点やアイデア、そして課題を提示しました。もちろん、一部の現象を取り上げたにすぎませんし、仮説にとどまる部分もたくさんあります。その点では、突っ込みどころ満載の内容と言えます。ですから、本書を一つの叩き台とし、これから、みなさまがこうした問題について一緒に考えてくださることを期待します。

今後、日本語に対する興味は、社会的にも研究のうえでも、コミュニケーションに関わる事柄に移っていくでしょう。国際的な視点からも、ものの言い方への関心はますます高まっていくことが予想されますが、こうした議論では、いわゆる共通語としての日本語と外国語がどう違うか、という見方のみが先行してしまいがちです。しかしながら、日本語は一枚岩ではありません。ものの言い方には本書で見てきたような明らかな地域差が存在するのです。日本語のソトへの視点も重要ですが、ぜひ、日本語のウチへのまなざしも忘れてほしくないと思います。ソトもウチも、外国語も方言も合わせて、ものの言い方の違いを、広い視野から理解することが理想だと考えます。

いくつかお礼を述べたいと思います。まず、本書は全国各地で行った方言調査の結果をもとにしています。そうした調査の際には、たくさんの話者の方々や協力機関のお世話になりました。また、引用文献に掲げた先行研究からは多くのデータを拝借しましたが、それらがなければ本書は成り立ちませんでした。さらに、本書に載せた方言地図の作成には、東北大学大学院生、坂喜美佳さんの協力を得ました。そのほか、いちいちお名前は挙げませんが、研究会の折など、大勢の方々から有益なご教示をいただきました。以上のみなさまに、心より感謝申し上げます。

本書は、小林と澤村が共同で二〇一〇年に発表した二つの論文がもとになっています。それらを土台に原稿を執筆する予定でいましたが、いざとりかかってみると、材料不足を補ったり、さらに考えを深める必要が出てきたりと、思いのほか時間がかかってしまいました。特に、東日本大震災の発生以降、小林が方言をめぐる被災地の支援活動に取り組んでいることと、論文の発表当時は大学院生だった澤村が慣れない関西に職を得て教員生活を始めたことは、執筆の遅れの大きな原因となりました。ただ、そうした体験の中から、本書の内容につながる貴重なヒントや素材を得ることができたことはありがたいことでした。

岩波書店の浜門麻美子さんは、このように遅々として進まない執筆を辛抱強く待ってくださいました。ときおり届く催促に添えられた「原稿を読むのを楽しみにしている」の一言は、くじけそうな気持ちに対する大きな励ましとなりました。また、同じく大山美佐子さんは、拙い原稿をじっくり読み込んでくださいました。各所に付けられた適切なコメントのおかげで、こちらの考えの浅いところを修正したり、読者にとって理解しやすい文章に練り直したりすることができました。このお二人にもお礼申し上げます。

最後に、読者のみなさまには、本書の感想をぜひお聞かせいただければと思います。ご意見や体験談も大歓迎です。それらを手がかりに、いずれ本書の続編を執筆してみたいと考えていますので、どうぞよろしくお願いいたします。

小林　隆
澤村美幸

引用文献

浅田次郎(二〇〇〇)『霞町物語』講談社
池上嘉彦(二〇〇六)『英語の感覚・日本語の感覚―〈ことばの意味〉のしくみ―』NHK出版
井出祥子(二〇〇六)『わきまえの語用論』大修館書店
大林太良(一九九〇)『東と西 海と山―日本の文化領域―』小学館
大林太良(一九九六)「社会組織の地域類型」ヨーゼフ・クライナー編『地域性からみた日本』新曜社
大淵幸治(二〇〇〇)『丁寧なほどおそろしい「京ことば」の人間関係学』祥伝社
沖裕子(一九九三)「談話からみた東の方言/西の方言」『月刊言語』二二―九
沖裕子(二〇〇九)「発想と表現の地域差」『月刊言語』三八―四
尾崎喜光(二〇一三)「〝道理に合わない〟授受表現の使用と動態―愛知県岡崎市での経年調査および最近の全国調査から―」相澤正夫編『現代日本語の動態研究』おうふう
尾崎喜光編(二〇一二)『国内地域間コミュニケーション・ギャップの研究―関西方言と他方言の対照研究―』科学研究費補助金研究成果報告書
尾上圭介(一九九九)『大阪ことば学』創元社(岩波現代文庫(二〇一〇)を使用した)
かこさとし(一九七三)『どろぼうがっこう』偕成社
加藤正信(一九七七)「方言区画論」『岩波講座日本語11 方言』岩波書店
鬼頭宏(二〇〇七)『図説 人口で見る日本史―縄文時代から近未来社会まで―』PHP研究所
久木田恵(一九九〇)「東京方言の談話展開の方法」『国語学』一六二

久木田恵(二〇〇五)「談話類型から見た関西方言」陣内正敬・友定賢治編『関西方言の広がりとコミュニケーションの行方』和泉書院
久野健(一九八一)「ナタ彫」大野晋・宮本常一他著『東日本と西日本』日本エディタースクール出版部
熊谷智子・篠崎晃一(二〇〇六)「依頼場面での働きかけ方における世代差・地域差」国立国語研究所『言語行動における「配慮」の諸相』くろしお出版
琴鍾愛(二〇〇五)「日本語方言における談話標識の出現傾向—東京方言、大阪方言、仙台方言の比較—」『日本語の研究』一-二
国史大辞典編集委員会(一九七九・一九八五・一九八八)『国史大辞典1・6・9』吉川弘文館
国立国語研究所(二〇〇六)『方言文法全国地図6』国立印刷局
小林隆(二〇一〇)「オノマトペの地域差と歴史—「大声で泣く様子」について—」小林隆・篠崎晃一編『方言の発見—知られざる地域差を知る—』ひつじ書房
小林隆(二〇一四a)「あいさつ表現の発想法と方言形成—入店のあいさつを例に—」同編『柳田方言学の現代的意義—あいさつ表現と方言形成論—』ひつじ書房
小林隆(二〇一四b)「配慮表現の地理的・社会的変異」野田尚史・高山善行・小林隆編『日本語の配慮表現の多様性—歴史的変化と地理的・社会的変異—』くろしお出版
小林隆・澤村美幸(二〇一〇a)「言語的発想法の地域差と歴史」『国語学研究』四九
小林隆・澤村美幸(二〇一〇b)「言語的発想法の地域差と社会的背景」『東北大学文学研究科研究年報』五九
小林隆・澤村美幸(二〇一二)「驚きの感動詞「バ」」小林隆編『宮城県・岩手県三陸地方南部地域方言の研究』東北大学大学院文学研究科国語学研究室

齋藤ゆい（二〇〇七）「方言オノマトペの共通性と独自性―宮城県旧小牛田町と高知県安芸郡奈半利町との比較―」『高知大国文』三八
阪倉篤義（一九九三）『日本語表現の流れ』岩波書店
真田信治（一九八五）「あいさつ言葉と方言―地域差と場面差―」『日本語学』四-八
真田信治・友定賢治編（二〇一一）『県別罵詈雑言辞典』東京堂出版
澤村美幸（二〇一一）『日本語方言形成論の視点』岩波書店
椎名渉子（二〇〇五）「子守歌における「おどし表現」と「甘やかし表現」」『月刊言語』三四-五
篠崎晃一（一九九六）「家庭におけるあいさつ行動の地域差」言語学林 1995-1996 編集委員会『言語学林 1995-1996』三省堂
篠崎晃一・小林隆（一九九七）「買物における挨拶行動の地域差と世代差」『日本語科学』二
陣内正敬（二〇〇三）「関西的コミュニケーションの広がり―首都圏では―」陣内正敬編『コミュニケーションの地域性と関西方言の影響力についての広域的研究』科学研究費補助金研究成果報告書
陣内正敬（二〇一〇）「ポライトネスの地域差」小林隆・篠崎晃一編『方言の発見』ひつじ書房
千秋育子（二〇〇八）『関西人の取扱説明書』辰巳出版
祖父江孝男（一九七一）『県民性―文化人類学的考察―』中央公論社
高山善行（二〇〇九）「歴史的なアプローチから見た配慮言語行動研究」野田尚史編『日本語の対人配慮表現の多様性』科学研究費補助金研究成果報告書
竹田晃子（二〇一二）『東北方言オノマトペ用例集』国立国語研究所
田島優（二〇〇九）「感謝表現から見た発想法の変化」『台大日本語文研究』第一七期
谷崎潤一郎（一九三二）「私の見た大阪及び大阪人」『中央公論』昭和七年二月号～四月号（『谷崎潤一郎全

集』二〇、中央公論社を使用した)
土井八枝(一九三五)『土佐の方言』春陽堂書店
土井八枝(一九三八)『仙台の方言』春陽堂書店
東北大学方言研究センター(二〇一三)『伝える、励ます、学ぶ、被災地方言会話集─宮城県沿岸十五市町─』東北大学大学院文学研究科国語学研究室
都会生活研究プロジェクト(二〇〇七)『大阪ルール』中経出版
豊田武(一九八三)『中世の商人と交通』(豊田武著作集3)吉川弘文館
中西太郎(二〇〇八)「あいさつ言葉の定型化をめぐって─「おはよう」を事例とした定型化の検証─」『国語学研究』四七
中西太郎(二〇一一)「あいさつ表現の使用実態の地域差─朝の出会い時を中心に─」『日本方言研究会第93回研究発表会発表原稿集』
西尾純二(二〇〇九)「再検討・日本語行動の地域性」『月刊言語』三八-四
西尾純二(二〇一〇)「卑罵表現の地域差」小林隆・篠崎晃一編『方言の発見』ひつじ書房
日本放送協会編(一九六六・一九六七)『全国方言資料1・2・4』日本放送出版協会
藤本義一・丹波元(二〇〇一)『大阪人と日本人』PHP研究所
益田ミリ(二〇〇七)『大阪人の胸のうち』光文社
三井はるみ(二〇〇六)「おはようございます、こんばんは」『月刊言語』三五-一二
三井はるみ・井上文子(二〇〇七)「方言データベースの作成と利用」小林隆編『シリーズ方言学4 方言学の技法』岩波書店
八鍬友広(二〇〇三)「近世社会と識字」『教育学研究』七〇-四

小林 隆

1957年新潟県生まれ．
1983年東北大学大学院文学研究科博士課程退学．
博士(文学)．国立国語研究所研究員を経て，
現在―東北大学名誉教授
著書―『語用論的方言学の方法』(ひつじ書房)
『方言が明かす日本語の歴史』(岩波書店)
『シリーズ方言学』全4巻(編著，岩波書店)他

澤村美幸

1980年山形県生まれ．
2010年東北大学大学院文学研究科博士課程修了．
博士(文学)．日本学術振興会特別研究員
(PD)を経て，
現在―和歌山大学教育学部准教授
著書―『日本語方言形成論の視点』(岩波書店)

ものの言いかた西東　　岩波新書(新赤版)1496

2014年8月20日　第1刷発行
2023年5月25日　第3刷発行

著　者　小林《こばやし》 隆《たかし》　澤村《さわむら》美幸《みゆき》

発行者　坂本政謙

発行所　株式会社 岩波書店
〒101-8002 東京都千代田区一ツ橋2-5-5
案内 03-5210-4000　営業部 03-5210-4111
https://www.iwanami.co.jp/

新書編集部 03-5210-4054
https://www.iwanami.co.jp/sin/

印刷・精興社　カバー・半七印刷　製本・中永製本

ISBN 978-4-00-431496-7　　Printed in Japan

岩波新書新赤版一〇〇〇点に際して

ひとつの時代が終わったと言われて久しい。だが、その先にいかなる時代を展望するのか、私たちはその輪郭すら描きえていない。二〇世紀から持ち越した課題の多くは、未だ解決の緒を見つけることのできないままであり、二一世紀が新たに招きよせた問題も少なくない。グローバル資本主義の浸透、憎悪の連鎖、暴力の応酬——世界は混沌として深い不安の只中にある。

現代社会においては変化が常態となり、速さと新しさに絶対的な価値が与えられた。消費社会の深化と情報技術の革命は、種々の境界を無くし、人々の生活やコミュニケーションの様式を根底から変容させてきた。ライフスタイルは多様化し、一面では個人の生き方をそれぞれが選びとる時代が始まっている。同時に、新たな格差が生まれ、様々な次元での亀裂や分断が深まっている。社会や歴史に対する意識が揺らぎ、普遍的な理念に対する根本的な懐疑や、現実を変えることへの無力感がひそかに根を張りつつある。そして生きることに誰もが困難を覚える時代が到来している。

しかし、日常生活のそれぞれの場で、自由と民主主義を獲得し実践することを通じて、私たち自身がそうした閉塞を乗り超え、希望の時代の幕開けを告げてゆくことは不可能ではあるまい。そのために、いま求められていること——それは、個と個の間で開かれた対話を積み重ねながら、人間らしく生きることの条件について一人ひとりが粘り強く思考することではないか。その営みの糧となるものが、教養に外ならないと私たちは考える。歴史とは何か、よく生きるとはいかなることか、世界そして人間はどこへ向かうべきなのか——こうした根源的な問いとの格闘が、文化と知の厚みを作り出し、個人と社会を支える基盤としての教養となった。まさにそのような教養への道案内こそ、岩波新書が創刊以来、追求してきたことである。

岩波新書は、日中戦争下の一九三八年一一月に赤版として創刊された。創刊の辞は、道義の精神に則らない日本の行動を憂慮し、批判的精神と良心的行動の欠如を戒めつつ、現代人の現代的教養を刊行の目的とする、と謳っている。以後、青版、黄版、新赤版と装いを改めながら、合計二五〇〇点余りを世に問うてきた。そして、いままた新赤版が一〇〇〇点を迎えたのを機に、人間の理性と良心への信頼を再確認し、それに裏打ちされた文化を培っていく決意を込めて、新しい装丁のもとに再出発したいと思う。一冊一冊から吹き出す新風が一人でも多くの読者の許に届くこと、そして希望ある時代への想像力を豊かにかき立てることを切に願う。

（二〇〇六年四月）